JN104561

大川隆法
思想の源流
ハンナ・アレントと「自由の創設」

大川隆法
Ryuho Okawa

まえがき

ハンナ・アレントはドイツ系ユダヤ人であり、ヒトラーのユダヤ人迫害を逃《のが》れて、アメリカで活躍した人である。青年期までは私の同時代人でもある。

ハイデガーや、ヤスパースに師事し、全体主義の起源を説き明かした同女史の書籍群は、私の大学時代に何割か翻訳されていたが、研究書等はまだ見つけることもできなかった。

大学2年生の終わり頃、四百字詰原稿用紙約五十枚の小論文（本書第3章）を書き上げて、3年次本郷の法学部の篠原一ゼミに参加するための資格審査のため提出した。「ヨーロッパ政治史」「ゼミ」ともに「SA」（今の「優上」百点～九十点以上）の評価を受けたが、残念ながら、東大法学部政治学科には、ハンナ・アレント論を指導できる教授がおらず、その後、独自の道を拓《ひら》くことになった。

まさしく「青春の日のハンナ・アレント」は、私の政治思想を雄弁に物語っていると思う。

二〇二〇年　六月二十四日

幸福《こうふく》の科学《かがく》グループ創始者兼総裁《そうししゃけんそうさい》

幸福実現党創立者兼総裁《こうふくじつげんとうそうりつしゃけんそうさい》　大川隆法《おおかわりゅうほう》

大川隆法　思想の源流　　目次

第1章　青春の日のハンナ・アレント

第2章　ハンナ・アレントの霊言《れいげん》

二〇一九年四月七日　収録
幸福の科学 特別説法堂にて

第3章 特別収録 H・アレントの『価値世界』について

第1章

青春の日のハンナ・アレント

二〇一九年四月十日　説法《せっぽう》
幸福の科学 特別説法堂にて

1　幸福の科学の思想の源流の一つ、ハンナ・アレント

大学時代に書いた論文「H・アレントの『価値世界』について」

ハンナ・アレントについては、以前、霊言《れいげん》というかたちでのスピリチュアル講義をしたことはありますが、若干《じゃっかん》、質問者を試《ため》しているようなところが多く、はっきりと分かる感じではなかったかと思います。そのような方だとは思います。

本法話《ほうわ》には、「青春の日のハンナ・アレント」という題を付けたのですが、この「青春の日」とは、「私の青春の日」という意味です。

ハンナ・アレントは、名前としてはよく出てきているので、ご存じの方は多いのではないかと思いますが、著書に関しては、「読むと、すぐ投げ出す」というのがほとんどのパタ

『ハンナ・アーレント
スピリチュアル講義
「幸福の革命」について』
（幸福の科学出版刊）

ーンではないかと思います。

私は、学生時代にはあまり論文を書いていないのですが、数年前、宗務《しゅうむ》本部の金庫のなかから、学生時代に書いた、「H・アレントの『価値世界』について」という手書きの原稿《げんこう》用紙が出てきました（本書第3章参照）。

数年前にこれが出てきたときには、「なんで、こんなものが出てくるんだ！」という感じで、私は一ページ読んだだけで恥《は》ずかしくなって、「元の金庫へ隠《かく》しておけ！」という感じで戻《もど》してもらったのですが、最近、いろいろと〝遺物《いぶつ》〟が出てくるので、それを整理しているなかで、この論文も見たのです。

すると、今回は原稿をいちおう読むことができたので、「心境が何か変わったのかな」と思いました。幸福の科学の映画等で、青春期の私が勉強していたことなど、いろいろなことが明らかになって出てきつつあるので、「シチュエーションが少し変わってきたのかな」と思っています。

そのなかで、このハンナ・アレントという方が、若いころの私に少しかかわってきているわけです。

おそらく、幸福の科学も、そろそろ、「研究の対象となるべき存在」になりつつあると思いますし、HSU（ハッピー・サイエンス・ユニバーシティ）では、もちろん、もうすでに研究されています。それ以外のところでは、まだ、それほどされていないとは思いますが、「研究の対象になる」ということであれば、「思想の源流」のところが大事なのではないかと思います。そして、「思想の源流の一つ」として、このアレントが存在しているのです。

「最初に書いた論文には、その著者が将来書くもののいろいろな要素が出てくる」とよく言われています。その意味で、「私が学生時代に書いた、四百字詰《づ》め原稿用紙で五十枚ぐらいのこの論文を、機会を見て外に出そうか」という話が進んできたのです。

それにつけても、手書きのものではどうにもならず、パソコンの時代になっているので、パソコンで打ち直してもらいました。パソコンで打ってみると、さみしいことに枚数が減って二十三枚ぐらいに縮んでしまい、半分以下になっているのですが、手書きのほうは、読めるように書くのが大変ではありました。

東大法学部の篠原《しのはら》ゼミに参加するために書いた論文

私が大学二年生のとき、篠原一《しのはらはじめ》先生が本郷《ほんごう》から駒場《こまば》に出張してきて、「ヨーロッパ政治史」の講義をなさっていました。

その終わりごろに、篠原先生は、「三年生になって本郷の法学部に進学したら、篠原ゼミに入《はい》れるけれども、人気が高くて学生の選別がなかなか難しいので、二年生の試験が終わったら、春休みに、何か政治学に関係するような論文を書いて出しなさい。ただ、あまりいいかげんなものでは困るから、最低三十枚以上を書いて出しなさい」というようなことを言われました。

私のこの論文は、その篠原ゼミに参加するために書いた論文です。「三十枚以上」という条件が付いていたのですが、あまり長くてもいけないだろうと思い、五十枚で止めたのです。

もともとは、序文なども付いていたものです。面談のときに、篠原先生から、「君、これは、なんで序文が付いていていないんだ」と言われ、「序文があったら、先生は序文だけ読んで終わりにするでしょう。序文とあとがきはあったのですが、本文《ほんぶん》を読んでいただきたくて外しました」というようなことを言った覚えがあります。

篠原先生には、少し気の毒だったかなと思います。篠原先生は「ヨーロッパ政治史」や「国際政治」あたりが専門の方であり、ハンナ・アレントについては、あまり知識はなかったであろうと思うので、申し訳なかったかなと思いつつも、こちらに関心があるもので書いたほうが書きやすかったので、アレントについて書いたところもありました。

東大には、当時、ハンナ・アレントを研究している人は誰《だれ》もいませんでしたし、指導教官もいなかったので、本当は、あまりよいことではなかったのかもしれませんが、「他人《ひと》が書いていないものを書きたい」というのが私の主義だったこともあります。

当時、日本にはアレントに関する参考文献《ぶんけん》はなかった

ハンナ・アレントは一九〇六年に生まれ、一九七五年の十二月四日に亡《な》くなっていますので、こういう言い方をしたら失礼に当たるのかもしれませんが、この論文は、彼女が〝死にたてのほやほや〟のころに書きました。宗教的には、そういうことになるわけです。私がこの論文を書いたのは一九七八年の三月なので、亡くなって二年少々で書いていています。

これを提出し、本郷の法学部の法学政治学研究室で、篠原一先生の面談を一時間ぐらい受けました。

篠原先生は、この論文をペラペラめくりながら私に質問をして、「ハンナ・アレントについての参考文献《ぶんけん》を、もう少し書いたほうがよい」と言われたのですが、当時、ハンナ・アレントには参考文献がなかったことを先生はご存じなかったようで

す。私の論文がハンナ・アレントに関する最初の論文であり、日本人が書いた本は一冊もありませんでした。

今、調べてみると、外国では、薄《うす》い本ですけれども、ハンナ・アレントの政治思想についての英語での本が一九七〇年代に刊行されていたようです。それは一九八一年に日本語に翻訳《ほんやく》されていますので、私が論文を書いた当時には、日本にはハンナ・アレントに関する本やまとまった論文はなかったのです。

そのため、主として、ハンナ・アレント女史の主要図書に基《もと》づき、当時、日本語に翻訳されているものもあれば、まだ翻訳されていないものもあったので、翻訳されているものと原書で買えるものを集め、いちおう手に入るかぎりのものは読み、三月に二週間ぐらいかけてまとめ上げた論文です。

私は朝型・日中型の人間ですが、この二週間だけは珍《めずら》しく、明け方の六時ぐらいまでやっていました。「明け方の六時ごろに雨戸《あまど》を立て、それからドラキュラのように眠《ねむ》る」という生活をしていたのです。

普段《ふだん》は、私は夜中には仕事をしないので、そのときだけしか経験がないのですが、そのようにして書きました。

その論文を友人たちに読んでもらったり、先生にも読んでいただいたりしたところ、「難解だ」というのが基本的な反応でした。原本のアレントの著書自体が難しいこともあって、そう簡単ではない面もあったかと思います。

ハンナ・アレントは、もともとドイツ系ユダヤ人で、ドイツ語で勉強をなされた方なのですが、ナチスの迫害《はくがい》を受け、フランス、そしてアメリカへと亡命しました。亡命後に覚えた英語で著書を刊行し始めているので、英語自体が極《きわ》めてドイツ語的な英語です。

また、翻訳は英語からなされているものが多かったのですが、後《のち》に出された、ドイツ語から翻訳された本と、内容が全然違《ちが》うようなこともありました。

そういうこともあって、やや難しかったように思います。

東西冷戦下でアレントの思想に関心を持つ

なぜ、私がこの人に関心を持ったかというと、前述したように、アレントが亡くなったのは一九七五年の十二月四日ですが、一九七六年一月には、毛沢東《もうたくとう》の下《もと》で首相をずっと二十数年務めた周恩来《しゅうおんらい》が亡くなっています。それから、一九七六年九月には、毛沢東その人も亡くなっています。

このころ、世界はまた一つの変わり目を迎《むか》えているところでした。そして、国際政治関連が、私の勉強の中心的なものであったのです。

今から見たら少しおかしいかもしれませんが、当時は「ソ連対アメリカの冷戦」がありました。実際の戦いはしないで、軍備拡張をし、イデオロギーをぶつけ合い、「共産主義圏《けん》対自由主義圏」で、「どちらが正しいか」という感じの張り合いをしていて、この段階では、まったく決着がついていない状況《じょうきょう》だったのです。

人工衛星の打ち上げはソ連が先に行い、原爆《げんばく》はアメリカが先に落としましたが、水爆実験ではソ連が先行もしました。

なお、水爆実験の結果、あの有名なゴジラが誕生し、今では〝ハリウッドのスター〟になっています。

水爆実験でソ連に追い越《こ》され、それから、人工衛星でも追い越されたアメリカは、一九六〇年代に、ケネディ大統領が、「共産主義に負けてたまるか」ということで、「九年以内に月へ人類を送ってみせる」というようなことを言いました。

当時は、共産主義国の「五カ年計画」などが、非常に合理的に見えていました。国家主導で文句《もんく》を言わせずにガンガン進めていくので、特に重工業においては便利であり、科学技術的なものがどんどん計画どおりにいきました。そのため、「アメリカがソ連に負けるのではないか」という感じがあったのです。

それから、有名な「キューバ危機」が一九六〇年代前半にありました。

キューバは、アメリカの南のカリブ海にある島国ですが、ここにソ連がミサイル基地をつくり、ミサイルを船で運び込《こ》んでいたのです。「これに対してどうするか」

ということで、ものすごいパニックになりました。

私が教わった先生がたのなかには、当時、アメリカに留学していた方もいたのですが、「あのときは、本当に世界戦争が始まるかと思って恐怖《きょうふ》した」と言っておられました。その場にいたらそうでしょう。

若き大統領のケネディは強気だったので、「海上封鎖《ふうさ》」というものをやりました。キューバの周りの海をアメリカの艦艇《かんてい》で封鎖し、「核《かく》兵器の可能性もあるミサイルを積んだソ連の貨物船が封鎖海域内に入ったら、核戦争も辞さない」という覚悟《かくご》で臨《のぞ》んだのです。

それで、当時のソ連のフルシチョフ首相は、「参った。核戦争は避《さ》けるべきだ」ということで貨物船を引き揚《あ》げ、ミサイルの運び込みをやめました。アメリカは、喉元《のどもと》にミサイル基地をつくられることを防止したわけです。そのような時代でした。

ただ、そのあとも、まだ競争は続き、ベトナム戦争等も始まっていました。

朝鮮《ちょうせん》戦争は一九五〇年から一九五三年まで続いたと思いますが、ベトナム戦争も一九五〇年代後半ごろから二十年ぐらいやっていたと思います。

その時代にはソ連との戦いもあったため、「中共（中国共産党）とソ連を両方とも敵に回すと大変だ」ということで、アメリカは中国を取り込みにかかりました。

一九七二年には、日本と中国が国交を結びましたが、アメリカも一九七九年に中国との国交を正式に回復したのです。

そのような時代背景がありました。

「一九七〇年安保《あんぽ》」では東大でも学生運動が激化

そして、国内では、「一九六〇年安保《あんぽ》」のときの安保改定によって、「日米安全保障条約は十年後（一九七〇年）からは自動延長」ということになりました。それは岸信介《きしのぶすけ》さんが首相だったときで、岸首相は官邸《かんてい》に立て籠《こ》もり、その周りを学生などが十万人ぐらいで取り囲んだため、警察隊では護《まも》れないような状況でした。

夜の十二時を過ぎて、条約は自動改定されたのですが、そのあと岸首相は暴漢に腿《もも》を刺《さ》されたりもしました。そして、責任を取って退陣《たいじん》されたのです。

次に、「一九七〇年安保」というものがありましたが、このときも反対運動が激しく、一九六九年ころには盛り上がりが最高潮に達していました。

東大の安田《やすだ》講堂は学生に占拠《せんきょ》されて〝天守閣《てんしゅかく》〟と化しました。医学部の学生などが、ヘルメットを被《かぶ》り、タオルをマスクにして顔を隠して見えないようにし、安田講堂の上の階から瓦礫《がれき》や石などを投げたりして、楠木正成《くすのきまさしげ》の籠城《ろうじょう》戦のようなことをやっていたのですが、それをテレビで中継《ちゅうけい》していたのを濃厚《のうこう》に覚えています。

「勉強をしないで何をやっているんだろうなあ」と思ったことがありますが、それで東大の大学入試は一回なくなっているのです。

そのあおりを受けて東大を受験できなかったのは、小泉《こいずみ》政権のブレーンだった竹中平蔵《たけなかへいぞう》さんや、「週刊こどもニュース」でお父さん役だった池上彰《いけがみあきら》さんなどです。このあたりの方々が、「東大闘争《とうそう》」のあおりを受けて東大を受験できなかった年代に当たります。

そのあと学内は少し落ち着いてきましたが、教授陣と学生との昔のような心の交流は、まだ十分ではないような状態で、授業の暇《ひま》な文学部系の学生たちが、ときどき、立て看を出したり、プラカードを掲《かか》げたり、「ワッショイ、ワッショイ」と言ったり、法学部の試験の邪魔《じゃま》をしたりしていたのです。

そのころでも私は本をよく読んでいたので、教授や助教授等から、「本を読むのは今どき珍しい」などと言われました。当時は「ワッショイ、ワッショイ」の時代であり、大学に入ったらもう〝終わり〟で、勉強していない人が多く、「マージャンをやっているか、学生運動をやっているか」というような感じだったと思います。

2　ハンナ・アレントの生涯《しょうがい》と思想

哲学者《てつがくしゃ》のハイデガーやヤスパースらに師事したアレント

そのような時代背景のなかで、私はアレントを読んだのです。

最初、私は、どちらかというと、社会学のマックス・ウェーバーをよく読んでいました。マックス・ウェーバーには、すべての学問に通じているものがあったので、そちらをだいぶ読んでいたのです。

ただ、マックス・ウェーバーだけだと、法学部ではやや困るところがあったので、ハンナ・アレントに行き当たりました。「政治哲学《てつがく》」ということで、いちおう政治の領域のなかに入ってはいたので、こちらを少し読み込《こ》むようになっていきました。

この人も、ある種の「天才」だったのだろうとは思います。

彼女は、マールブルク大学に十八歳《さい》で入ったのですが、そこにはフッサールの助手だったハイデガーが助教授で赴任《ふにん》していました。彼女は十八歳や十九歳のころにハイデガーの授業に出ていますが、ハイデガーは三十代の半《なか》ばぐらいだったと思います。当時、「世界最高の知性」と思われていた方ですが、十八歳や十九歳のころのハンナ・アレントが彼の生徒だったのです。

「ハンナ・アーレント」という映画（二〇一二年製作）には、クリクリッとした大きな目の女性で、すごく知性的な目をした美人さんが出てきます。ハイデガーは三十代半ばで演壇《えんだん》に立っているわけですが、ハンナ・アレントばかりを見ているような感じで、このユダヤ少女にほぼ一目惚《ひとめぼ》れをしたようです。

ただ、その理由は分かるような気がします。一目見ただけで分かるのですが、彼女は、ある種の「天才」なのです。

ハイデガーとしては、自分の言葉を分かってくれる人はそれほどいなかったわけですが、アレントは彼の言葉や思想、言っていることを分かってくれました。そして、容姿もすごくかわいらしい人でしたから、二人は恋《こい》に落ちます。話がやや脱線《だっせん》気味ですが、これは、このあとに影響《えいきょう》することなので言っておきます。

ただ、さすがに二年ぐらいたつと、「自分が彼女の指導教官になって論文指導などをすると、まずいことになる」と、ハイデガーも分かってきました。「これは何とかして思い切らなければいけない」ということで、友人のヤスパースに〝押《お》しつける〟と言ったらあれですが、「論文指導は、おまえのほうに頼《たの》む」ということで、彼のいる大学へ行くようにアレントに言い、ヤスパースがアレントを教えることになったのです。

当時、アレントは、ハイデガーやヤスパース、フッサール等の授業を聴《き》いていたので、「ドイツ哲学の最盛期、最後の繁栄期《はんえいき》のスチューデントだったのがハンナ・アレントである」という感じでしょうか。彼女はアメリカに亡命しましたが、そのあと、哲学者らしい人はもう出ていないので、「これが最後だったかな」と思っています。「知性の伝統」とは、そのようなものです。

アレントが書いた博士論文「アウグスチヌスにおける愛の概念《がいねん》」

アレントは、ヤスパースのもとで、「アウグスチヌスにおける愛の概念《がいねん》」という論文を書きます。

アウグスチヌスというのは、『告白』や『神の国』を書いた人で、キリスト教の思想家としては最大の一人です。若いころに北アフリカで留学してマニ教に染まるのですが、母のモニカに説得されてキリスト教に戻《もど》ってきて、『告白』などを書いています。

そのモニカが、ハンナ・アレントの前身だったという説も出ています。

また、けっこう浩瀚《こうかん》な本である『神の国』を私も読みました。それほど簡単に分かるようなものではありませんが、古代ユダヤ教およびキリスト教にも伝わる、「千年王国」「神がつくる千年続く王国」という理想があるわけです。ユダヤ人だったハンナは当然、その思想は知っていて惹《ひ》かれたと思うのですが、アウグスチヌスも『神の国』というものを書いているので、このあたりで、「神学的なもの」と「政治学的なもの」がクロスする面はあったのではないかと思います。

この論文でアレントは、アウグスチヌスのなかにおける愛の概念を分析《ぶんせき》しつつ、そこには、ハイデガーへの〝当てつけ〟も少し入っていたのではないかと思われる面があります。難解な用語を使いながら、〝当てつけ〟が入っていたと思われます。

これが、彼女が二十二歳で書いた最初の論文であり、博士論文なのです。そうとうに飛び級していると思いますが、ヤスパースが認めた博士論文で、本になって出てもいます。そのような方です。

幸福の科学の基本三部作にもつながっている論文「H・アレントの『価値世界』について」

このハンナ・アレントの、四十代から五十代ぐらいの全盛期のときの主張を中心に「思想の構造」を分析したのが、私の論文「H・アレントの『価値世界』について」です。私は二十一歳のときに、「二十二歳で博士論文を書いたアレントの思想の全体像を解剖《かいぼう》する」ということをやってみたわけです。

その後、四十数年間、アレントについて出ている本をいろいろと読んでみましたが、誰《だれ》一人、私と同じようなことを書いた人はいないので、独創的なものではあっただろうと思います。

そして、おそらく、このあたりの、「精神的な価値」や「時間論・空間論の考え方」は、三十歳の私が書いた『太陽の法』『黄金の法』『永遠の法』（いずれも幸福の科学出版刊）等につながっているものがあると思うのです。

『太陽の法』で全体の枠組《わくぐ》みを書き、『黄金の法』では時間軸《じく》で、神が送った天使たち、菩薩《ぼさつ》たち、如来《にょらい》たちがつくってきた人類の歴史分析をし、さらに、『永遠の法』で空間分析をして、三次元から九次元、十次元に至る空間の分析をしています。

こうした「思想の枠組み」は、もうすでに、二十一歳のときに書いた最初の論文に出てきてはいます。

図表がたくさん出てくるので、これを見た人のなかには、「数学ができたというのは本当ですね」ということを言う人もいました。それがどうかは分かりませんが、私には、紙面に観念論的な哲学で書いてある文章が、「立体的な空間図形」で見えていたということです。ほかの政治学者で、そのように見た人は誰もいません。

アレント研究には哲学《てつがく》や歴史の幅広《はばひろ》い知識が必要

政治学者たちがハンナ・アレントについて書けていない理由は、おそらく、アレントについて書くと、必ず「哲学《てつがく》」の勉強をしなければいけなくなって、大変なことになるからだと思います。

哲学に入ると、それで一生が終わってしまいます。一人を分析しただけでも一生が終わってしまうぐらいですが、アレントには、古代から近現代に至るまで、そういう幅広《はばひろ》い哲学についての言及《げんきゅう》がありますし、歴史についても、二千年以上の歴史についての分析、勉強が必要だと思われるので、今の政治学者たちは書けていないと思います。

また、アレントの考え方について批判的に書いてあるものもあり、一種の〝妄想《もうそう》的な観念論〟風に捉《とら》えて、「こんなものでは解決しないよ」という感じで、突《つ》き放しているものもあります。

「軍事力を背景にした帝国《ていこく》主義的な政治か、自由民主主義的な政治か、あるいは、ハンナ・アレントの言う『評議会』のようなものでやるか、この三つしかないとか思っているのだろう。バカなことを言うなあ。『評議会』なんて、十人ぐらいで何かやろうみたいな感じだけれども、現代の大きな政治を十人ぐらいで判断できるか」という感じで、ケチョンケチョンに否定している方もいますが、その批判は、ちょっと甘《あま》いとは思います。

それから、国ごとの政治の違《ちが》い等を比較《ひかく》分析することを「比較政治学」といいますが、「比較政治学的には、ハンナ・アレントはもう完全に無視されている」という言い方で批判する方もいます。「主として哲学的な視点からの抽象《ちゅうしょう》概念であるから、実態としての各国別《かっこくべつ》の政治を比較するには足りない」という考え方でしょうか。

「市民参加」や「連合政権」を打ち出していた篠原一《しのはらはじめ》教授

私が教わった篠原一《しのはらはじめ》先生は、ヨーロッパの政治全体についても、各国別にももちろん研究していましたので、「ヨーロッパ政治」と言う場合もありますし、ほかの国と比べて「比較政治学」と言う場合もありますし、現代まで含《ふく》めたら「国際政治学」と言う場合もあります。だいたい、それらが重なっているあたりです。

そして、篠原先生のころは、ヨーロッパ全般《ぜんぱん》についての歴史、政治史を講義していたのですが、だんだん、それができる人が少なくなってきたらしく、私の三男によれば、「みなドイツ史とか、フランス史とか、イギリス史とか、アメリカ史とか、一国になって分かれてきて、全部をできる人がいなくなった」というようなことでした。それは、そういうこともあるかとは思います。

また、篠原先生は、「参加の政治学」というか、「市民参加」といったことをずいぶん言っていて、それで有名になった方でもあるのです。

それから、「連立政権」について、当時は「連合政権」と言っていましたが、「連合政権というのは、各国の比較をしてみても意外に長続きするのだ」ということで、『連合時代の政治理論』という本も出しています。実際、その後、連立政権が現実に現れましたので、学者としては正しかったのかなとは思います。

当時、「自民党一党独裁だけではなくて、連立しても政権というのは長くもつのだ。公明党が与党《よとう》に入ることによって、過半数が安定して取れる」というようなことを打ち出していて、「小さいけれども過半数を取るための政党が入ると、これが、『要党《かなめとう》』、いわゆる『ピボタルパーティー』になって、非常に大きく影響する」ということを言っていました。

現実の政治においては、「自民・公明の連立を組んで、いったん解消して、また、もう一回組む」というかたちになっていますので、政治的には影響したと思います。

また、東大ではなく東工大でしたが、菅直人《かんなおと》さん等が篠原先生の〝学外の弟子《でし》〟

として、市民活動家として勉強していて、市民活動家が、いちおう総理にまでなっています。

私は一九七〇年代に、菅直人さんが幟《のぼり》を立て、たすきを掛《か》けて、東京を自転車で走っているところを見たことがありました。今の区議選あたりに立候補している人のように自転車で走っていました。「この人は、永遠に受からないだろうな」と、見ていて思ったのを覚えています。

実際、三回ぐらい落ちたように思うのですが、いつの間にか当選して、いつの間にか総理にまで上がっていたので不思議です。

ただ、結果は、総理をやってみたら無残だったので、やはり、「市民参加だけで統治はできない」ということがよく分かりました。

「垂直権力」と「水平権力」をどう考えるか

ハンナ・アレントの思想のなかでも、そうした「参加型の民主主義」を「活動」

という重要な概念として挙げてはいるのですが、やはり、それだけでは済まないものもあったのではないかという気はします。

ただ、「評議会」というのは、十人ぐらいの、ある意味での「賢人会議《けんじんかいぎ》」ですが、「全体主義の勃興《ぼっこう》を防ぐために、このようなものでブロックしようとする」といった考えに読み取れないわけではありません。

現実にそういうことはできてはいませんが、その後、国連や、いろいろな分科会等では、そうした審議会《しんぎかい》はたくさんできているだろうし、各国でも、さまざまな審議会があって、諮問《しもん》したりもしています。あるいは、裁判の陪審員《ばいしんいん》制度なども、ある意味では、ハンナ・アレントが定義しているような「評議会」に近いものかもしれません。

「民意を入れて、民意によって選ばれた者たちの話し合いによる一つの考えを認めなければ、やはり、単なる上から下への、上意下達《じょういかたつ》型の、お上《かみ》からのお達しだけで動く政治になってしまう。だから、どうしても、そうした評議会的なものが必要だ」という考えでした。

私は、それを、この「H・アレントの『価値世界』について」の論文には書かなかったのですが、続きを書くとすれば、そうした「垂直権力」と「水平権力」という概念も用意はしていたように思います。

中国などは、見て分かるとおり「垂直権力」です。意見は、上から下に一方的に通りますが、なかなか逆には上がってきませんし、評議会的なもので力を持つということも極《きわ》めて難しいのではないでしょうか。

香港《ホンコン》の二〇一四年の「雨傘革命《あまがさかくめい》」なども、武器を持たずに雨傘だけで戦ったので、あれは、ある種の「水平権力」だと思いますが、そうした水平権力も、「暴力をもってする垂直権力」に対しては無力であるということでしょう。

その後、出ていたニュースによると、「雨傘革命の中心的な人物であった、香港の大学の副教授など二人と牧師《ぼくし》に、裁判で有罪判決が出た。最高で禁錮《きんこ》七年」とのことです。

雨傘だけしか使わなかったような、平和的な七十数日間の「革命」ですけれども、垂直権力が「後ろに軍隊が控《ひか》えた警察による権力」だったら、やはり、勝てなかったという実例ではあります。

このあたりにも、アレント思想をどう考えるかということの鍵《かぎ》が、まだ残っているようには思います。

論争を呼んだ「アイヒマン裁判」への見解

ハンナ・アレントが見たものは、結局、何かというと、同時代に「観念論」でやってはいたけれども、実際にナチスが侵攻《しんこう》してくる、その現場にいたわけです。

一九三三年にフランスに逃《のが》れますが、フランスも占領《せんりょう》され、次にアメリカに亡命して、十八年ぐらい無国籍《むこくせき》の人間になっていました。

また、フランス時代には、一時期、いわゆる「キャンプ」の経験もしたようではあります。今のウイグルなどにあるような、「捕《つか》まって押し込められるキャンプ」

です。

彼女は逃《に》げられたのでよかったのですが、多くの人たちは捕まって、アイヒマンあたりに護送列車でポーランドに送られました。そして、貴金属類は全部外され、「シャワーで消毒するんだ」などと言われてガス室に入れられ、みな毒ガスで殺されて灰になっています。

私の論文では触《ふ》れませんでしたが、アレントといえば、「アイヒマン裁判」のことも有名ではあります。彼女は学者として、公正中立な立場で意見を言ったつもりではあるのですが、どちらかといえばユダヤ人のほうから、「アレントはナチ寄りではないか」と責められました。

アイヒマンは、ナチスではそれほど上のほうの立場ではないのですが、フランスあたりからユダヤ人を列車に乗せて、ポーランドまで送った役人です。

そうした役人が、戦後、逃げていたのですが、南米で、イスラエルのモサドという組織に捕まって連れてこられました。アレントは、アイヒマンが裁判をされているところを実際に傍聴《ぼうちょう》した結果、「悪の凡庸《ぼんよう》さについて」ということを「ザ・ニューヨーカー」誌に書いて、それは本にもなりました。

これを読んで、ユダヤ人のほうが怒《おこ》ってしまったわけです。

アイヒマンは、やはり、悪魔《あくま》でなければいけないわけです。〝あくまでも悪魔〟でなければいけないわけです。すごい悪魔で、〝悪魔のナンバースリー〟か何かでなければいけないぐらいであるはずなのに、アレントは、「凡庸で平凡だ。陳腐《ちんぷ》だ。あまりにも平凡で、誰でもやるようなことをやっただけだ」としました。

要するに、若き日にハイデガーから、「人間というのは、デンケン（denken）、考えるということが大事なのだ」ということを繰《く》り返し教わっていたけれども、このアイヒマンは、「〝デンケン〟できないドイツ人」だったわけです。「考えることができず、ただ、命令どおり、マニュアルどおりに全部やっていただけの人間で、これは村役場に勤めている人間と変わらない。どこにでもいる」ということです。

ある意味では、それはそのとおりでしょう。

例えば、今の中国だったら、〝アイヒマン〟など、もう山のようにいるはずです。北京《ペキン》からほかの地方の組織まで、いくらでも〝アイヒマン〟はいるだろうと思います。トップが命令を出したら、みんなそのとおりにやるはずです。そういうことを言っている部分もあります。

アレントのほかの主張のところはぶっ飛ばして、このアイヒマンに関するところでアレントに対する批判が強く、ニューヨークの大学の教授職を辞《や》めさせようとする圧力までかかった事件もありましたが、私は、この「アイヒマン事件」については、今言ったとおりのことで、意味としてはよく分かったのです。

「職務を執行《しっこう》するだけの人」などいくらでもいます。刑務所《けいむしょ》の死刑執行官なども、みなそうでしょう。私の中学時代の同級生の女の子の父親は、徳島の刑務所の死刑執行官をしている人でしたが、そういう立場に立てば誰でも、死刑判決が出て「執行せよ」と命令が出れば死刑執行をしてしまうので、おそらく、そのようなものだろうというのは私も分かりました。

ユダヤ人にとっては、「親ユダヤか、反ユダヤか」というのは、ものすごく大事なことだったのですが、アレント自身は、ハイデガーとの恋に破れたあと、ギリシャ哲学等の研究者と一回目の結婚《けっこん》をしましたが別れ、二回目に実業家と結婚をしています。この人はユダヤ人ではなかったようですが、パトロンのように庇護《ひご》してくれていたところもあって、アレントは「反ユダヤ」というだけでなく、もっと広い視野で、政治や歴史について研究できるようになったのではないかと思います。

3　人間の四つの行為《こうい》――「観照《かんしょう》」「活動」「仕事」「労働」

二十一歳《さい》の私は、すでに「観照的生活」の意味が分かっていた

そのような背景があり、私がこの論文を書いてから、もう四十数年たっていますが、今読んでも、確かに難しいことは難しいです。私が読んでも難しいので、やはり難しいのでしょう。

アレントのそれぞれの主著がかなり重く、さらに、彼女の「思考の構造」をずっと透視《とうし》して洞察《どうさつ》していっているので、それは難しかろうとは思います。

その中心的なところを言うとしたら、「人間というのは、行動し、行為《こうい》する存在ではあるけれども、人間が行う行為には、だいたい四つある」ということです。これが、最初に言えることです。

いちばん上にある行為は、「観照《かんしょう》」、あるいは「観照的生活」というものです。観照的生活と言われても、少し難しくてピンとはこないかもしれませんが、例えば、修道院などの生活です。この説明で分かる人もいれば、まだ分からない人もいると思いますが、瞑想《めいそう》や坐禅《ざぜん》などを行《おこな》っているような人たちの生活が、この観照的生活です。

渡部昇一《わたなべしょういち》先生も、若いころに、山寺で和尚《おしょう》さんが仕事の合間に縁側《えんがわ》で縁台将棋《しょうぎ》か何かを指しているような生活を見て、「ああ、あんな生活がいいなと思った」というようなことを言っていました。

そうした、学者でも、研究をしながら自由に日を過ごせるような生活でしょうか。そのようなものもあったと思います。こうしたものに私も惹《ひ》かれるところがあったので、この意味が分かったのです。

この「観照的生活」については、政治学者が書いたものを読むかぎり、まったく触《ふ》れられていないので、やはり意味不明なのだろうと思いますが、私は、二十一歳《さい》のときには、もう分かっていたのです。二十歳《はたち》ぐらいのときに、すでに経験があったからです。

当時、私は、世田谷《せたがや》の羽根木《はねぎ》公園のそばに住んでいて、羽根木公園をよく散歩していました。いろいろと勉強したことを考えたり、季節が変わっていくのを見たりしながら、さまざまなことを考えていると、ときどき、何とも言えない恍惚《こうこつ》感のようなもの、うっとりするような恍惚感のようなものに襲《おそ》われるときがあったのです。日本の古典文学で言えば、「いとかなし」という雰囲気《ふんいき》ですが、夕暮れどきに鳥が飛んでいくところとか、梅の花が咲《さ》いているところとか、若葉が出てくるところとか、いろいろなものを見ながら自然のなかで考え事をしていると、何とも言えない恍惚感のようなものが降りてくることもあるし、あるいは、お腹《なか》の丹田《たんでん》のほうから湧《わ》いてくるような感じの、そうした恍惚感をときどき感じていました。

これは、いわゆる「悟《さと》り」に到《いた》る前の段階です。禅僧《ぜんそう》などが、ときどき、「悟りを開いた」とか言うときの感じに近いものだろうと思うのです。

特に、西田哲学《にしだてつがく》などを読んで考えていたときなどに、「悟りとは何か」を考えていると、自然との一体感のなかで、すごく喜びが湧いてくる感じがありました。これは、英語では「peak experience《ピーク　エクスペリエンス》」ともいう、「至高体験」といわれるものです。

そうした恍惚感は、昔から、哲学者などにはよく訪《おとず》れているものです。

アルキメデスには、「ユーレカ！」と言って、お風呂《ふろ》から飛び出して走り出したという話があります。「金《きん》に不純物がどれだけ入っているかは、体積をこう量《はか》れば分かる」ということに、お風呂に入っていたときに気がついて、裸《はだか》で飛び出したということです。

そのように、何かに没入《ぼつにゅう》しているときに、湧いてくる感じのものです。

また、当時、数学者の岡潔《おかきよし》先生の全集を、購入《こうにゅう》代金がなかったため、羽根木公園の隣《となり》にある梅丘《うめがおか》図書館から借り出して読んでいたのですが、数学者にも、やはり、同じような「瞑想的生活」と「悟り」があるようです。

非常に難しい高度な数学の証明問題を抱《かか》えて、第一論文、第二論文、第三論文と、順番に論文を書いていくのですが、それを悟りと同一視しているのです。彼も、そうした宗教体験を実際にしている方です。トンネルから外に出て、パーッと目の前に海が開けたのを見た瞬間《しゅんかん》に、論文の結論までがパッと見えたというような、ほかの数学者が聞いたら、「そんな、いいかげんな」ということではあるのですが、そういうことを書いてくれています。

同じような体験を、私もちょうどそのころにしていたので、アレントの言う「観照」ということの意味が分かったのです。

ただ、その「観照的生活」というのは、そうした学者や哲学者、宗教家など、修道院等の恵《めぐ》まれた環境《かんきょう》下で探究ができる一部の者にはありえても、一般《いっぱん》市民にとっては、そこまでは到達《とうたつ》できないものなので、これについては、政治哲学者としては深入りはしていないのです。

人間は、政治的な「活動」のなかに「不死性」を求めている

次に、「活動」というものがあります。英語では「action《アクション》」と言っていますけれども、この「活動《アクション》」が大事なのだということです。

「活動《アクション》」というのは何かというと、結局、思想的に言うと、「人間は死すべきものなのだ」ということです。「動植物はみな、自分の死というものを、避《さ》けることはできないものとして受け入れるしかないけれども、唯一《ゆいいつ》、人間だけが、魂《たましい》を持っている存在であるので、不死について考えるのだ」ということを言うわけです。

そして、「人間が不死について考えるとき、自分が死ぬことは避けられないけれども、少しでも不死性に近づきたいという願いを持っていて、その不死性に近づきたいという願いが、実は、政治的な活動のなかには入っているのだ」というようなことを言うわけです。

その「不死性」を求めて、政党をつくったり、その政党に基《もと》づいて国家をつくっ

たり、あるいは政治思想をつくったりして、活動する人が出てくるのだということです。先ほど述べた、「神の領域」に入る「観照的生活」をしている人を除けば、これが、古代のアテネ市民などと同様の、「最高度に神近き存在の活動」になるわけです。

この「不死性」ということが大事で、「人間はモータル（死すべきもの）だけれども、イモータル（不死）性を求める。この不死性《イモータル》が、実は、政治活動のなかにあるのだ」ということです。

これは結局、彼女が若いころに研究したアウグスチヌスの『神の国』です。「神の国をつくる担《にな》い手としての人間」です。「悟りたる者」とは言えないかもしれないけれども、「神に向かっていこうとしている人間」が存在するのだということです。そして、政治の場において、そうした「不死性《イモータル》」をつくろうとする活動をする。不朽《ふきゅう》のもの、耐久性《たいきゅう》のあるものをつくろうとする。要するに、「長く続く国家」をつくろうとするわけです。

例えば、「永遠のローマ」のようなものをつくろうとするのですが、それでも千年で潰《つぶ》れてしまいます。ドイツ第三帝国《ていこく》も、実はそうで、千年ぐらい続きたかったらしいけれども、すぐに終わってしまいました。

アレントは、そうした「活動」があるということを、非常に重視しているわけです。人間というのは、「不死性」を求めるものであり、そのなかには、一部、後世に遺《のこ》す、名声や名誉《めいよ》に当たるものもあると思います。

「不死性を求める活動」は東洋にもある

これは、目を転じて見れば、例えば、吉田松陰《よしだしょういん》思想などは、まさしく、そのものです。吉田松陰はハンナ・アレントより先に生まれ、一八五九年に亡《な》くなっていますが、言っていることは、そういうことです。

要するに、野山獄《のやまごく》の牢《ろう》につながれても、弟子《でし》たちに「万巻《まんがん》の書を読め！」と言っています。「万巻の書を読むに非《あら》ざるよりは、寧《いずく》んぞ千秋《せんしゅう》の人たるを得ん」、「万巻の本を読んで、そして後世に名を遺せ」ということを言っています。

これは、アレントが言っていることとまったく同じなので、吉田松陰も、それに気づいていたということです。

「勉強をして、そして後世に名前が遺るような政治的行動をせよ」ということ。そして、人は死ぬが、その考えたことや行ったことは、「千歳青史《せんざいせいし》に列するを得ん」（頼山陽《らいさんよう》）、要するに、「千年の後《のち》まで、歴史に記憶《きおく》が遺るものになるのだ」ということです。

その言葉に励《はげ》まされて、松下村塾生《しょうかそんじゅくせい》たちは明治維新《いしん》を遂行《すいこう》し、薩摩《さつま》や、土佐《とさ》の坂本龍馬《さかもとりょうま》などもみな合流して、幕府を倒《たお》し、近代国家をつくったわけです。

アレント自身による明治維新についての分析《ぶんせき》は、ほぼありませんし、中国についてもほとんど触れていないので、おそらく、東洋の文献《ぶんけん》が読めなかったのだろうと推定しますが、言っていることは同じです。

ですから、この「不死性」は、別にギリシャ・ローマの専門ではなく、明治維新の志士もそうですし、過去の東洋の歴史のなかにも数多くあるものだということです。

こうしたことを、少し小生意気《こなまいき》ではあるけれども、批判としては、私も論文に書いています。「それは別に珍《めずら》しくないですよ、アレント先生。不死性を求める活動なんて、日本にはいくらでも出てきますよ」ということです。

もっと前に遡《さかのぼ》れば、『葉隠《はがくれ》』などもそうです。「武士道というは死ぬことと見つけたり」で、「生きることなどに意味はない。死んで名を遺すことにこそ意味がある。どういう死に方をするか、いかに死ぬかが大事なのだ」というところに、日本人は到達していたのです。

これは、台湾《たいわん》の李登輝《りとうき》・元総統も述べています。「日本人は、死ぬことを考えながら生きていたのだ。どう死ぬべきか、どう死ぬのが自分にふさわしいか。死んで名を遺すには、どうすべきかということを考えた。こういう日本人は偉《えら》い」と、台湾の元総統の李登輝氏は言っているわけです。

「孔子《こうし》などは、そこまで行っていない。『未《いま》だ生《せい》を知らず、焉《いずく》んぞ死を知らん』と言っている。『死後の世界はあるのですか、ないのですか。魂はあるのですか』というようなことを訊《き》かれて、『まだ、どうやって人生を生きたらよいかということさえ分からないのに、どうして死後の世界が分かろうか』などと言っている。孔子の悟りは低い」と、李登輝氏は言っています。

「日本のほうが上だ。日本人は、死を考えた上で生きている。孔子はまだそこまで行っていない。生きることしか考えていない」と言うのです。

孔子が、その日の糧《かて》にも困っていたということもありますが、「このあたりの悟りの浅さが、結局、今の中国の革命思想の浅さにまでつながっているのではないか」ということです。孔子が、神や、あるいは魂のレベルまでズバッと教えを説けていたら、もう少し違《ちが》ったものになっていたかもしれませんが、レベルが浅いということを言われているわけです。

そういうことで、論文では、少しだけ東洋の例を出して、アレントについて批判をしています。

「観照的《かんしょう》生活」が生み出す社会的価値とは

それから、アレントが考えるには、人間の行為には、「観照《かんしょう》」「活動《アクション》」というものがあり、その下に「仕事《ワーク》」というものがあり、さらにその下に「労働《レイバー》」というものがあるという、そのような価値秩序《ちつじょ》になっているというわけです。

「観照的生活」は修道院のような所で行うものなので、それがどのような価値を生んでいるかが一般人には分からないけれども、「神様にお仕《つか》えする」ということは、何か一定の価値を生んでいるのだろうということでしょう。

渡部昇一先生は、「みんながみんな世俗《せぞく》生活をされたら困るので、カトリックでは、神父《しんぷ》や修道女などは結婚《けっこん》しないけれども、一定の比率で、そのように結婚しない人が神に仕えている社会というのは、健全なのだ」というようなことを、確か言っておられたと思います。

それが何の役に立っているのか、一般人には分からないけれども、「そうした崇《すう》高《こう》な精神世界を護《まも》る人がいるということが、実は、社会のバランサーになっているのだ。だから、自分の活動をして、儲《もう》けが幾《いく》らだとか、役職が上がったとか、そのようなことばかり言っている人だけでできた社会は危《あや》うい。その上に、そういうものとかかわりのない世界にいる人が、やはり、一定の比率で必要なのだ」というようなことを、渡部先生もおっしゃっているのです。

そして、「公的領域」という表の領域で「活動」し、その成果を残していくような人、法律をつくったり、政治システムをつくったり、実績や業績をあげたりするような人は、やや「不死性」が出てくるということを、アレントは言っているわけです。「永遠性」のほうは、先ほど述べた「観照的生活」をしている人の領域だということでしょう。

「仕事《ワーク》」と「労働《レイバー》」を分ける基準とは

この「観照」と「活動」の下に、「仕事《ワーク》」というものがあります。「仕事《ワーク》」とは何かというと、例えば、テレビであるとか、カメラであるとか、電灯であるとか、そうした技術によってつくったもの、人が知恵《ちえ》を凝《こ》らしてつくったもの、こういうものが「仕事《ワーク》」であるということです。堺屋太一《さかいやたいち》氏風に言えば、「知価《ちか》革命」でしょう。知価の部分が入ったものが「仕事《ワーク》」で、それが入っていないものは「労働」なのだという、そういう考え方です。

アレント自身は、「あなたは、どこでそういうことを思いついたのですか」と訊かれて、「台所で目玉焼きを焼いているときが、私にとっては労働《レイバー》であり、タイプライターで論文を書いているときは仕事《ワーク》です」というようなことを答えています。

「なるほど、そういうふうに考えるわけだ」と思いました。

タイプライターを叩《たた》いて本を書いているのは「仕事《ワーク》」であり、有価値なもの、有用性があるものだけれども、「労働《レイバー》」というのは、毎日毎日、けっこう消え込《こ》んでいくようなものだということです。

そういう言い方をしているわけですが、ただ、必ずしも普遍《ふへん》性があるとは言えない分け方ではあります。

例えば、料理人の世界で、料理をつくることを仕事としている人になれば、これは、やはり、「労働《レイバー》」ではなく「仕事《ワーク》」と言えるでしょう。日本食の職人として一定のレベルまで行ったり、フランス料理の職人として国家資格を持っていたり、あるいは、帝国ホテルのシェフをしていて総料理長になると専務取締役《とりしまりやく》まで行ったりしますが、これらは、「労働《レイバー》」とは言えないレベルでもあると思うので、あくまでもアレントの個人的な体験を通して、「自分としては、そういうことになる」ということでしょう。

これに対しては、批判があります。「一種のエリーティズムであって、頭のいい女性だから、そういうふうに考えるのだろうけれども、これは、その当時、まだ家庭に縛《しば》られていた女性に対する一種の差別だ」ということで、「女性をもう少し大事にせよ。表に立てよ」と言っているフェミニズム運動に対して、「アレントはアンチ・フェミニストだった」というように批判されています。

確かに、「男性と女性を区別して、女性を男性と同じ比率だけ出世させなければいけない」とか、そのような考えには、彼女は与《くみ》しなかったところがあります。自分は〝頭一つ〟で戦っているからです。ドイツからの難民でしたが、〝頭一つ〟で大学教授になっていますから、「そんなことは言い訳にしかすぎない」という考えでした。

それに対して、「それは一部の恵まれた女性にのみ言えることで、エリーティズムだ」と言って、批判するものもあります。

マルキシズムを〝ぶった斬《ぎ》った〟アレントの功績

ただ、この「仕事《ワーク》」と「労働《レイバー》」を分ける考え方は、「マルキシズムと決別するかどうか」にとって、非常に大事なところではあるのです。

マルキシズムは、すべてを「労働」として捉《とら》えてしまっているわけで、「仕事《ワーク》」と「労働《レイバー》」を区別していないわけです。だから、全部が労働になり、労働者になってしまい、「万国《ばんこく》の労働者よ、団結せよ」で、「労働者が団結して世界を動かし、支配するのだ」という言い方をしています。

これは、耳触《みみざわ》りはいいのですが、「労働者」というのも、例えば、本当に工事現場で働いている人たちのような労働者のことを考えて、そうした人たちが集まって政治をするのだと言っても、それはできないでしょう。やはり、政治をするには、一定の勉強をして何らかの職に就《つ》き、ある程度の見識ができた人が選ばれていくようなところがありますので、このへんが、マルクスの議論の乱暴すぎるところです。

したがって、この「仕事《ワーク》」と「労働《レイバー》」を分けたあたりで、実質上、マルキシズムを半分ぐらい〝ぶった斬《ぎ》った〟ところがあると思います。私は、これは、アレントの功績としてありえるのではないかと思うのです。

あくまでも、本当は「永遠性」を求めている人間が、「永遠」には届かないため、「不死性」を求めて、政治の世界でそれを実現しようとしていて、そこまで行かないレベルの人たちは、仕事のなか、自分たちの働きのなかで、「工作人」として、より高度なものをつくり上げていくことによって、一定の値打ち、付加価値を生んでいるのだということです。さらに、単純労働がその下にあるわけです。

「それを引っ繰《く》り返して、単純労働をしている人たちが全部を支配すればいいというわけにはいかない」という、この「神の秩序」の上下を、はっきりと彼女は明示しているわけです。

この秩序を明示した場合は、「マルクスによる革命論は成立しない」ということになります。

「上に神がいて、神に仕える人がいて、さらに、その心を生かした政治体制をつくる人たちがいる。さらにそのなかで、専門技能を持った、ドイツで言えばマイスター、親方たちのような、物をつくるいろいろなマイスターたちがいる世界があり、その下に、単純労働の人たちがいる」という構造でいくと、マルクス的な共産主義の、「いちばん下の労働者たちが天下を取る」というシステム自体、成り立たないということになります。

その意味で、このアレントの考え方は、「アンチ・マルクス」に持っていける部分がある構造であることを、私は、この当時から分かっていたわけです。

4　革命の本質とハンナ・アレントの問題提起

「暴力」と「権力」は対立すると考えたアレント

アレントは、労働者は主として「私的生活」のほうに重点があり、表に現れる活動は「暴力」として現れることのほうが多いとします。そういう意味で、労働者が決起した場合、暴力になることのほうが多いけれども、「権力と暴力は違《ちが》うものだ」ということを、アレントははっきりと言っているわけです。

私の知るかぎり、こういうことを言った人は、ほかにはいません。

おそらく、政治学者のほとんどは、「権力というのは、必ず暴力機構を伴《ともな》うものであり、暴力機構を伴わない権力というものはない」と言うだろうと思います。要するに、彼女の言っていることは、通常とは言葉の定義が違うということを意味しています。

彼女の言っている「権力」というのは、例えば、私の論文の図表で言えば、図5の〈活動と権力〉のところになりますが、人がたくさんいて、互《たが》いに相互《そうご》作用をしているのが「活動」であり、その結果、出来上がってくる力、生まれてくる力が「権力」なのだということです。

「人々が相互活動をして、決めてつくっていくもの、これが権力なのだ」という考えであって、「暴力は権力ではなく、暴力が出てきたときは、権力はむしろ崩壊《ほうかい》するのだ」と言うのです。「権力」は、英語に訳すと「power《パワー》」であり、「権力《パワー》というのは、当然ながら暴力システムを内蔵している」というのが政治学的見解なのですが、彼女はそれを否定します。そして、「暴力が出てきたら、権力は崩壊する」とします。

みんなが話し合いで決めていくとき、例えば、昔で言えば、村の寄合《よりあい》で、「村の祭りはこうする」ということを決めています。古代のアテネなどであれば、そのようなものかもしれません。「あそこにトンネルを通すか、通さないか」を合議して決める。それで「やる」と決めたら、それは一つの「権力」ではあるわけです。

そして、こうした村の寄合をやっているところに、武装警官が入ってきてピストルで脅《おど》し、「言うことをきかなければ、おまえたちを殺す。俺《おれ》は、絶対に反対だ」と言う「暴力」を、もし認めるとしたら、そうした「権力」「政治的権力」は発生しないという考え方です。

アレントの考える「革命」は「自由の創設」

この比喩《ひゆ》は、逆説を含《ふく》んでいるものではありますが、非常に重要な示唆《しさ》を秘《ひ》めています。

マルクスの『共産党宣言』にも出ていますが、マルクスは「暴力革命」を肯定《こうてい》し、毛沢東《もうたくとう》は、それをさらに具体的に、「革命は銃口《じゅうこう》から生まれる」と言っているわけです。それで、中国では、五千万人とも六千五百万人ともいわれる人々が、毛沢東のいろいろな改革運動や「文化大革命」等を通して死んでいったわけですし、ソ連の革命でも、大勢の人が銃殺されたり、シベリア送りになったりしています。

しかし、「暴力と権力は対立するものだ」という考え方をぶつけてこられたら、どうでしょうか。

ほとんどの政治学者は、「革命というのは、どれもみな同じだ」という考えです。それに対し、アレントは、「アメリカ革命とフランス革命は違う」と言っているのですが、それは、政治学者の考えから言えば、次のようになるでしょう。

「それは、自分がヒトラーから逃《に》げてアメリカへ行き、アメリカ市民になれたから恩義を感じているのだ。それでジョージ・ワシントンを持ち上げて、『アメリカ革命は、自由の創設だ。これが本当の革命で、よかったのだ』と言っているのだ」と。

しかし、アレントは、「フランス革命は、『自由の創設』を目指しながら失敗して、結局、血で血を洗うものになった。次々と権力者を処刑《しょけい》していくような、王様を処刑した人もまた処刑されていくというような、そうした連鎖《れんさ》が続いたのだ」としま す。そして、これに続く暴力革命については、基本的に、はっきり書いてはいないのですが、もし書いていたとしたら、おそらく、「ロシア革命も中国革命も、同じテロル（テロ）の流れであって、フランス革命の流れを引くものだ」と言ったでしょう。

要するに、「フランス革命が『自由の創設』を目指していたというのはそうだけれども、結局はテロになってしまった。テロルだ」と彼女は見ているわけです。「革命と名の付くもので、暴力を前面に出してきて大勢の人を殺し、自分の言い分を通して、結局、最終的に恐怖《きょうふ》政治が生まれてくるものは、これはもう革命の正反対のものだ。革命というのは、『自由の創設』でなければならないのだ」ということで、アメリカ独立革命を非常に称賛《しょうさん》しているわけです。

これで言えば、同じく明治革命（明治維新《いしん》）も、「無血革命」として称賛されるべきではあるけれども、おそらく勉強が届いていないだろうから、それについては述べていないし、日本の第二次大戦についても深くは述べていません。

原爆《げんばく》以降の歴史については、あまり多くを語っていないので、「これから、どうしたらよいのだろう」というあたりだったかと思います。「原水爆でお互いに皆殺《みなごろ》しにできる世界になったときに、いったい、革命として何ができるのだろう」ということになってきたら、極《きわ》めて難しいでしょう。そうした問題はあると思います。

そういう意味で、アレントが、「仕事《ワーク》」と「労働《レイバー》」を分けたことによって、それから、「革命下において、暴力と権力は両立しない」というような逆説的なことを投げたことによって、ある意味では、はっきりと物事が見えるようになってきているわけです。

「中国の革命」の本質を見抜《みぬ》けなかった日本のマスコミ

一方、日本のマスコミは、「毛沢東革命」以降の中国の革命についても、「みな、革命だ」として、ずっと受け入れてきました。最近ようやく、当会などがかなり反《はん》撃《げき》していますが、それまでは見抜《みぬ》けなかったのです。丸山眞男《まるやままさお》などでも見抜けませんでした。

丸山眞男は、「戦前の天皇制下の議会制民主主義などというのは、オウム真理教が支配している下《もと》での議会制民主主義のようなもので、お笑いだ」というような感じで論文を書いており、海外で評価されているわけです。日本をファシズムとして決定づける論文を書いているわけですが、日本の宗教である神道《しんとう》を単なるアニミズムに限定してしまったのは、やはり、甘《あま》かったのではないかと思います。

その後の政治学の流れは、そちらのほうに流れているので、私のほうとは合わなかったところはあります。

中国の文化大革命では、紅衛兵《こうえいへい》が天安門《てんあんもん》広場などに集まってワアワア言っていたり、あるいは、習近平《しゅうきんぺい》氏もさせられていたことがありますが、「下放《かほう》」といって、良家の子女が田舎《いなか》のほうに追放されて労働したりするようなことがありました。

一九七〇年代ごろに安保闘争《あんぽとうそう》などをやっていた人たちには、毛沢東等が行《おこな》ったそれらのことは、日本の全学連がやっていたことや、べ平連が「ベトナムに平和を！」ということでアメリカに反対して、「ベトナム戦争をやめろ！」とやっていた運動と、当時、同じように見えていたわけです。

これは、おそらく、中国の革命の本質が、報道によって知らされていなかったことが大きかったと言えるでしょう。

そういうことで、ハンナ・アレントですべてを語ることは難しいけれども、問題提起は、やはり、鋭《するど》くなされているものだと思っています。

アレントの理想だった「古代ギリシャのポリス」とは

アレントが理想としていた古代ギリシャのポリス（都市国家）というのは、「丘《おか》に集まって、みなで会議をしていた」ということなので、そう大きくはないでしょう。せいぜい、「市《し》」ぐらいのレベルではないかと思います。

ちなみに、リンカンの時代にも、まだマイクはありませんでしたので、リンカンは軍隊を集めて、少し小高い所で演説を打ったりしていました。「人民の、人民による、人民のための政治を」という、デモクラシー（民主主義）の有名な宣言がありますが、あの演説を聴《き》いた数は五万人だったといいます。意外に、小高い丘のような所の周りに集まったら、五万人ぐらいの人まで声が聞こえるということです。

東京ドームでの講演で五万人ぐらいですが、マイクは要《い》ります。ところが、丘のような所で行った人民の宣言の演説も、五万人ぐらいが聴いていたと言われているので、古代の広場でも、そのくらいまでは、可能性としてはあったのではないかと思います。あくまでも、市レベルではあります。

そのため、「アレントの考える例は、小さい昔の村か市ぐらいのレベルであり、現代の複雑怪奇《かいき》な政治機構には合っていない」という見方もあるのだろうとは思いますが、考え方としては知っておいたほうがいいでしょう。

アレントの「価値世界」を表す三つの座標軸《じく》

特に、先ほど述べた、「観照《かんしょう》」「活動」「仕事」「労働」等が、時代によってだんだん変わってくるという、ここの考え方は、一つ入れておいてもいいだろうとは思います（第3章 図6・7参照）。

それから、人間が活動する空間には、「公的領域」と「私的領域」があり、「公的領域」で活動した者ほど、「不死性を得る」というか、「この世に生きて、名が遺《のこ》り、仕事が遺る」ということです。寿命《じゅみょう》が短くとも、若くして二十代で死んだ人でも、名前が遺る人はいます。

そのように、「公的領域」での活動部分を増やすということです。「パンのためだけに生きるのが人間ではない」ということを、はっきりと言っているわけです。このあたりは重要かと思います。

また、論文の図表にも、いろいろと書いてあります。東大の教授も理解できなかったものなので、説明しても分からないかもしれませんが、「人的価値の高低」の座標軸《じく》と、「過去と未来」の座標軸と、「活動」「仕事」「労働」の活動の種類と「観照」の座標軸という、三つの座標軸の上に、人間がいる平面があるということです（第3章 図1参照）。

「過去と未来」の座標軸では、古代のギリシャ・ローマの時代などのほうに「過去」があり、その反対側に「未来」があります。この座標軸の上に人間の歴史はあるわけです。

もう一つの座標軸では、「人的価値」「精神価値」として、高いところから低いところまであるわけです。これに、「観照的生活」から、「活動的生活」の「活動」「仕事」「労働」といった、こうした価値観の座標軸がもう一つあります。

さらに、もう一つは、「パブリック・レルム」対「プライベート・レルム」、「公的領域」と「私的領域」というものがあります。

普通《ふつう》は、会社でやっている仕事の部分は公務かもしれませんが、自宅のほうは

「私的領域」でしょう。アレントは、もう少し値打ちのある仕事のことを考えているのだと思いますけれども、そうした公《おおやけ》の場に表した活動、仕事等が、不朽《ふきゅう》性を得ることができると思っているわけです。

一方、「私的領域《プライベート・レルム》」とされる、普通の家父長《かふちょう》的な生活、家族的な生活だけであれば、原始から現代まで続いている部分であって、それを「価値なし」とはしないけれども、何かを生み出しているわけではないということです。

「人間だけが不死性を求める」という言葉の真意

ここで、先ほどの「不死性」について、さらに言及《げんきゅう》するとしたら、アレントは、「人間だけが不死性を求める」という言い方をしています。

これは、彼女以外に言っている人がいないので、同意を得ることは少ないけれども、要するに、動物や虫等は、〝遺伝子〟によって生まれ変わってくるわけです。次々と子供を産みますが、これは本能で産んでいるのです。パンダについて言うと失礼に当たるので言わないことにしますが、猫《ねこ》でも、ほかのものでも、二月になったら恋《こい》をして、自動的に子供が生まれてきます。これについては、「不死性」を求めてはいません。みな自動的に、本能で続いていくように、種《しゅ》が保存できるようになっているため、考えてはいないのです。

したがって、「人間だけが不死性を求める」ということです。ただ、ここにはまだ、「転生輪廻《てんしょうりんね》の思想」が入っていない未熟なところがあります。転生輪廻まで含めての魂《たましい》を考えれば、「不死性」はないわけではないのです。しかし、「この世においての死」はあります。〝何の何兵衛《なにべえ》〟という人が死んだら、もう、それで命はなくなって終わりになるわけです。

動物や昆虫《こんちゅう》のほうは、「自分たちは死ぬ」とは思っていません。同じものが繰《く》り返し出ているだけだと思っていますが、人間は、「その名前でもって生きた人生」というのは二回はありません。

例えば、「ハンナ・アレントという人が生きた」という人生は、それで終わりです。「過去世《かこぜ》で、もし、アウグスチヌスの母のモニカとして生まれていたとしても、あるいは、その前に、『旧約聖書《きゅうやくせいしょ》』の預言者の第一イザヤとして生まれていたとしても、その人生はその人生で終わっている。人生は一度きり」という考えです。

これは、森信三《もりしんぞう》などの考えと同じです。その一度きりの人生においては、「不死性」を求める生き方こそが、人生を高めるということを言いたいわけです。

これは、あらゆる哲学《てつがく》で、いろいろとかたちを変えて言われていることではあります。後世に名前をとどめようとする、あるいは、自分の仕事を遺そうとする。彫《ちょう》刻家《こくか》などにも、そういうところがあると思います。

5　「全体主義の起源」の分析《ぶんせき》と「自由の創設」の思想

「全体主義を食い止める思想」を発信していたアレント

このハンナ・アレントは、思想として「全体主義の起源」を分析《ぶんせき》した方ですが、彼女はそのことを自分の言葉で、「生きている間に、ナチズムの勃興《ぼっこう》を見て、そこから逃走《とうそう》もした自分であり、六百万人ものユダヤ人が殺されたのも知っている自分であるので、生きている間に、全体主義という〝この世の地獄《じごく》〟というものを、自分は見た」というように言っています。

「〝この世の地獄〟というものが、巨大《きょだい》なかたちで、本当に国ごと、あるいは、他の国まで巻き込《こ》んで出現する」というところを見たわけです。

「これを、どうやって食い止めるか」「大衆社会の病理に対して、無力な政治哲学《てつがく》者《しゃ》が、いかなるワクチンを打ち込むか」ということを考えて、思想を発信していたのです。

そして、そうした考え方を出しつつ、同時に、「評議会」的なものの必要性を説いています。「評議会」といってても分かりにくいかもしれませんが、当会の映画「僕《ぼく》の彼女は魔法《まほう》使い」（製作総指揮・大川隆法、二〇一九年公開）で言うと、カラスが攻撃《こうげき》してくるときに、オレンジ色の、「キャプテン・アメリカ」が出す盾《たて》のようなものが出てきてブロックしていますが、アレントが考えているのは、あのような感じだと思います。

そうした、「何か、ブロックするための丸い盾が要《い》る。それが、正当な活動によって生じる権力であり、それは、目覚めたる人たちの活動行為《こうい》のなかに出てくる権力だ」という考えだろうと思います。そのようなことを言っていますが、これは一つの考えです。

「企業《きぎょう》が全体主義の抑止力《よくしりょく》になる」と考えたドラッカー

アレント以外で、この「全体主義の問題」を考えたのは、経営学者といってもよいと思いますが、ドラッカー先生です。ドラッカーも、一九三九年にナチスがポーランドに侵攻《しんこう》したころに、『「経済人」の終わり』という本を出して、「ナチスは怖《こわ》いぞ」ということを警告しました。

この本を、イギリスの首相になったウィンストン・チャーチルが読み、「これは素晴《すば》らしい本だから、みんな読みなさい」ということで軍隊にも読ませ、一躍《いちやく》有名になりました。ドラッカーが、まだ二十代のときに書いた本ですが、さすが、天才は天才で、やはり早いです。学生時代からジャーナリストとして記事を書くぐらいで、実は、ヒトラーにもインタビューをしているのです。おそらく二十代のときですが、ヒトラーにインタビューをしています。

当時、ナチス党は最下位の党で、まるで相手にされていないときでした。存在として認められていないぐらいで、五番目ぐらいの政党だったのではないかと思います。いずれは、「昔の幸福実現党のように」と言われるかもしれませんが、「あんな党が権力を取るわけがない」と、みなが思っていたのです。

それに対して、「これが権力を取って大変なことになる」ということを、ドラッカーは気づいていて、早くも警告していたわけです。

そして、『「経済人」の終わり』という本を出し、ウィンストン・チャーチルも「わが意を得たり」という気持ちになり、「これは危険だぞ。悪魔と戦っているのだと思わなければいけない」と言ってみなを鼓舞《こぶ》し、妥協《だきょう》しなかったわけです。

ドラッカーの結論はどこにあるかというと、要するに、「国にこのような強権の独裁者が出てきて戦いが起きる。これを防ぐのは大変だけれども、こうした独裁的な全体主義が出てくるのをシステム的に防ぐとしたら、やはり企業《きぎょう》だ。企業が一つの考え方としてありえる」ということです。

「もう、私たちは、天才に頼《たよ》る時代は期待できない。いつも天才が出てきて、どうにかしてくれるなどと考えるのは、もう甘《あま》い。むしろ、逆になることのほうが多く、大悪魔の場合も多い。ドイツは、ヒトラーに頼りすぎたためにあのようになってしまった。もう少し平凡《へいぼん》でもいいから、秀才《しゅうさい》ぐらいでつくれる会社組織のようなもので防げるのではないか」ということで、この「会社」が、先ほど述べたアレントの「評議会」の代わりになるわけです。

要するに、国際的な会社、国際企業になると、国と国をまたがって活動するようになります。お互《たが》いに情報網《もう》もあるし、利害関係も出るので、自由貿易ができなくなるような緊張《きんちょう》関係が出てきたら、戦争が起きる前に分かります。

そういうことで、「企業をつくっていくことで、これが一つの抑止力《よくしりょく》になる」というのが、ドラッカーの考えです。

実際、フェイスブックやグーグル、アマゾンなど、国際間を股《また》にかけた〝情報グループ〟等は、確かに、いろいろなところで、独占《どくせん》禁止法に引っ掛《か》かったりしながらも、国をまたいでやっています。

国家とは違《ちが》う、もう一つの形態があることは事実で、これによって、若干《じゃっかん》なりとも、独裁の基準というか、全体主義的なものをチェックできることになるわけです。

例えば、「スマホでもケータイでも、ほかの国では自由に使えるものが、中国になったら、機械はあるのに、当局の監視《かんし》を受けて自由に使えない。情報も発信できない」ということになるとしたら、「その国は異常性がある」ということは、それで、もう分かってしまいます。

ですから、企業のほうが、「使わせないなら、おまえの国から引き揚《あ》げるぞ」「会社として、全部の機能を引き揚げるぞ」と言ったら、その国は、世界の流れのなかから孤立《こりつ》してくる可能性も出てきます。

今、ここはせめぎ合っているところではありますけれども、これも一つの考え方ではありましょう。

そのようなことを、二人の天才が見抜《みぬ》いていたところはあるかと思います。

戦後の日本に必要な「善悪」を見極《みきわ》める目

私は、アレント以降、アレントが言えなかった部分、例えば、「米ソの冷戦が、その後、どうなるか」について、すでに学生時代に、「これはソ連のほうが敗れるはずだ」という見通しは立てていました。

教授陣《じん》はそうは思っておらず、もう本当に、どちらが勝つか分からないため、「バランスだけを取って、何とか生き延びていけばよい」と、「現状維持《いじ》」でした。今の台湾《たいわん》と中国のようなもので、「何とか現状維持さえしていればいいのだ」という考えが主流だったような気がします。

私はそうではなくて、「やはり、これはソ連のほうが崩壊《ほうかい》しなければならない」と思っていました。

アメリカが、方便《ほうべん》のために中国を巻き込んだのですが、その中国にも、また同じようなことが起きようとしているわけですから、やはり、「善悪」のところを入れなければならず、「どちらもありえる」という考えだけでは駄目《だめ》だと思うのです。

やはり、「自由を創設するか、恐怖《きょうふ》の支配にするか」という選択《せんたく》は大きく、神を信ずる者としては、それをはっきりさせなければいけません。その意味では、コンフリクト（衝突《しょうとつ》）が起きることもあるでしょう。

暴力については、一般《いっぱん》的には否定ではありますが、「武器に頼る以外に、もう自分たちを護《まも》る術《すべ》がないというときにおいては、その武器でさえ、神聖なものに変わる」という考え方もあり、このあたりは否定できない部分かと思います。

日本の古典的な「非武装中立型の考え方」については、いい時代もあるけれども、いつまでもは続かないだろうと思います。

また、スイスの例も、よく挙げられます。スイスは「永世《えいせい》中立国」と言っていますが、スイスには軍隊があります。それは、過去、何度も侵略されているからです。

そのため、「永世中立国」だけれども、軍隊はきちんと持っています。

戦後の日本についても、同じようなことは言えるのではないでしょうか。やはり、悪は悪として、キチッと認識していないといけません。善なるものが滅《ほろ》びていくのは、よろしいことではないと思います。

タイの「王制」をアレントの思想で分析《ぶんせき》する

ここまで、ハンナ・アレントについて書いた論文に事寄せて、その後のことについても話をしました。思想的なものが分かっていれば、いろいろなものが出てきたときに、「それが善か悪か」がよく分かると思います。

例えば、タイのような「王制」があり、それは日本の「天皇制」と同じかと思ったら、同じではありません。タイは、日本のように敗戦を経験していないからです。

そのため、今でも、民主政治をつくろうとして、政党を新しくつくろうとするのですが、弾圧《だんあつ》はやはり起きてきます。軍隊がどうしても介入《かいにゅう》してきて、軍政を敷《し》こうとするのです。それでは評判が悪くなるので、少し民主主義的な政党が入っているように見せたがる傾向《けいこう》はありますが、実際は、王制が軍隊を握《にぎ》っています。要するに、「政治がうまくいかなくなってきた」と見たら、軍隊によってクーデターを起こして引っ繰《く》り返すということを、繰り返しやっています。

ですから、ある意味では、タイの制度は日本の制度と同じようにも見えるかもしれませんが、実は違っているのではないかと思います。

特に、「軍隊によって政党政治を潰《つぶ》す」という考え方は、あまりよろしいことではありません。日本にも、「二・二六事件」や「五・一五事件」等がありましたが、軍隊の暴走というのは、本当に危険なものであると思いますので、タイも、そのあたりは少し考え方を変えていっていただきたいと思います。

タクシン派なども、都市部と地方との貧富《ひんぷ》の差が激しすぎるので、その格差を縮めようとして行ったようなことが、王様の怒《いか》りに触《ふ》れ、軍部によって追い出されたのだと思います。一部、共産主義に近い考えがあったのかもしれませんが、「首相をやった人が、みな国外に脱出《だっしゅつ》する」というのは、けっこう異常な事態です。

タイ自体は共産主義を批判しているのですが、やっていることを見ると、要するに、共産主義が入ると王制が崩《くず》れるからだろうと思います。

日本の天皇制の場合、天皇は実質権力を持っておらず、「象徴《しょうちょう》」ということになっていますが、タイは、実質権力を持っている王制です。王様が軍隊を使え、四兆円ぐらいの個人資産を持っているような国ですので、共産主義に入られた場合、王制が崩壊するため、共産主義とは戦う姿勢を示しているのだと思います。

しかし、全体主義の分析《ぶんせき》から内実を見ると、やはり、右も左も、全体主義だったら引っ掛かってくるところはあります。共産主義だけが全体主義ではなく、両方ありえるのです。

ですから、その行動パターンを分析するとき、ハンナ・アレントなどを読むと、「全体主義になるかどうか」ということが分かるわけです。

「特別警察」や「強制収容所」の存在、「粛清《しゅくせい》」、あるいは、「虐殺《ぎゃくさつ》」等があるようなところは、全体主義としては、どこも同じ特徴を持っているので、新しく発生したものでも、それを見抜くことはできると思います。

私はよく、「自由の創設」と言っていますが、そうした、いろいろな意味を含《ふく》めて言っているものだと理解していただければ幸いです。

「自分で道を拓《ひら》く」方向に進んだ私の歩み

以上が、「青春の日のハンナ・アレント」というテーマで私が考えたことであり、今の幸福の科学や幸福実現党にもつながる内容を持っているものです。彼女の本を読むより少しでも分かりやすければ、ありがたいと思っています。

私の論文は、原稿《げんこう》用紙五十枚ぐらいあったものですけれども、教授の意見としては、「序文を付けて、引用等をもう少し増やして引っ張れば、二倍ぐらいには膨《ふく》らませられるだろう」ということでした。確かにそうでしょう。

また、図表のところについても、「もう少し、文章で表現してほしい」というようなことも言っていました。「そうすれば、博士論文のレベルは、もうクリアしていると思う」というようなことでした。

通常は、大学院に五年間行かなければ、博士になって学者になることはできません。ですから、今の東大にはもうない制度ですが、私のころは、優秀な人がいろいろなところにどんどん抜かれていくので、それを食い止めるために、「成績がある程度よかった人は、卒業したら即《そく》、助手になれる」という制度がありました。普通《ふつう》、法学部は卒業論文はなく、法律のコースのほうは成績だけでもよいのですが、その制度によって、三年間助手になることができて、給料が出るわけです。

そして、三年後に「助手論文」というものがあり、それで、大学院に五年間通って書く「博士論文」のレベルをクリアすることが、三年以内の〝使命〟だったのです。

そのように、「給料ももらえて勉強もできる」というので、私も、その道を一つ考えていたところもありました。

ところが、当時の教授というのは、ほとんどが丸山眞男《まるやままさお》学派のお弟子《でし》さんだったので、ハンナ・アレント型の思考をする人はおらず、私の指導をできるような人は誰《だれ》もいなかったのです。そのようなこともあって、そうとう、いろいろな葛藤《かっとう》を抱《かか》えながら、「自分で道を拓《ひら》く」という方向に行きました。

要するに、「一定の収入をあげながら勉強を続ける」という方向を取って、やっていったのが実際のところです。

ただ、自分としては、社会生活や経済、経営など、いろいろなものを勉強したことはよかったのではないかと思っています。

哲学《てつがく》などは、「若いうちにやりすぎると危険である」とよく言われています。それは渡部昇一《わたなべしょういち》先生も言っていたと思います。確か、「二十代ぐらいに哲学をやりすぎた人は、そのあと不幸になることが多い」というようなことをおっしゃっていたと思うのです。

そのように、哲学者自体が不幸な最期《さいご》になることも多いのですが、やはり、それは、「実学が入っていないので、観念論になってしまう」というところが大きいのだろうと思います。もちろん、政治哲学を勉強してもいいのですが、やはり、実際の政治を何も知らずに政治哲学を勉強しても、机上《きじょう》の空論《くうろん》になることが多いと思うのです。

今、私は、国際社会や政治・経済等についていろいろと知った上で、哲学のほうにもメスを入れているので、このほうがよかったかと思っています。

一般的には、「哲学は四十歳《さい》を過ぎてからやるとよい。若いうちにやっても、卒業したあとに何も役に立たない」と言われています。したがって、実学を先にやるのもよいことではないかと思っています。

以上を私の話とします。ありがとうございました。

「霊言現象《れいげんげんしょう》」とは、あの世の霊存在の言葉を語り下ろす現象のことをいう。これは高度な悟《さと》りを開いた者に特有のものであり、「霊媒現象《れいばいげんしょう》」（トランス状態になって意識を失い、霊が一方的にしゃべる現象）とは異なる。外国人霊の霊言の場合には、霊言現象を行う者の言語中枢《ちゅうすう》から、必要な言葉を選び出し、日本語で語ることも可能である。

なお、「霊言」は、あくまでも霊人《れいじん》の意見であり、幸福の科学グループとしての見解と矛盾《むじゅん》する内容を含《ふく》む場合がある点、付記しておきたい。

第2章

ハンナ・アレントの霊言《れいげん》

二〇一九年四月七日　収録

幸福の科学　特別説法堂《せっぽうどう》にて

ハンナ・アレント（一九〇六～一九七五）

政治学者・哲学者《てつがくしゃ》。ドイツ系ユダヤ人として生まれる。十八歳《さい》でマールブルク大学に入学し、マルチン・ハイデガーに学ぶ。その後、フッサールやヤスパースに学ぶ。一九二八年、ヤスパースのもとで、論文「アウグスチヌスにおける愛の概念《がいねん》」を執筆《しっぴつ》し、博士学位を取得。三三年にナチス政権が成立した後《のち》、パリに逃《のが》れ、ユダヤ人の救援《きゅうえん》活動に従事。五一年、アメリカに帰化。同年、『全体主義の起源』を発表し、反ユダヤ主義と帝国《ていこく》主義に焦点《しょうてん》を置いて、ナチズム、スターリニズムの根源を突《つ》き止めた。他の著書に『人間の条件』『革命について』『イェルサレムのアイヒマン』などがある。

［質問者二名は、それぞれA・Bと表記］

〈霊言《れいげん》収録の背景〉

本霊言の収録直前に、ある生霊《いきりょう》がハンナ・アレントの「自由の創設」の思想に反対するような意見を述べていたため、ハンナ・アレントの霊を招霊《しょうれい》した。

1　ハンナ・アレントが理想とする政治

知的レベルの高かった古代ギリシャの市民国家

ハンナ・アレント　……アーレン……、アーレントです。

質問者A・B　ありがとうございます。

ハンナ・アレント　うん……。まあ、「古代のギリシャ」がね、理想なので、私は。ギリシャは知的レベルも高くて、議論ができるような市民国家だったからね。

質問者A　市民一人ひとりのレベルが高かったということですね。

ハンナ・アレント　レベルは高いですよ。「哲学《てつがく》する市民」だったわけですよ。その「哲学できる市民」は、同時に「政治を議論できる市民」でもあったわけで。そういう、哲人政治家とまでは言わないけれども、「哲人政治家的素質を持った人たち」が議論できる場、その「公共空間」が政治であるべきだっていう考えで。

その意味で、そういうものに匹敵《ひってき》しない、「お金だけでやる人」とか、「血統だけでやる人」とか、そういう人たちは、やっぱり、できたら弾《はじ》きたいなっていう気持ちは、私はありますけどね。

（そういう人たちは）「自分の自由」は求めると思いますけど。

質問者Ａ　でも、ほかの人には、そう（自分の自由を求めること）はさせないですよね。

ハンナ・アレント　認めない。認めないでしょうね、ほかの人には。それを「身分制」って言うんじゃないですか。

質問者A　「身分制」。

ハンナ・アレント　上の人が自由で、下は自由でない。下は搾取《さくしゅ》されたり、弾圧《だんあつ》されたり、禁止されたりする。貢《みつ》がされる。それが「封建《ほうけん》制」だし。

王制は、必ず三代以内に堕落《だらく》する

質問者A　王様的な方がいて身分制があったとしても、その王様が徳ある方で、下の人たちも大切に思っている方ならいいと思うんですけれども。

ハンナ・アレント　申し訳ないけど、やっぱり、「王制」は、私は……。

質問者A　嫌《きら》い？

ハンナ・アレント　「必ず堕落《だらく》する」と見ているので。

質問者A　そうですね。

ハンナ・アレント　一人、たまに出ますけど、その次は必ず悪くなるから。

質問者A　悪王になるんですよね。

ハンナ・アレント　必ず、その息子《むすこ》はボンクラで、悪いことをするのを、もう、生まれつき知っているから。必ず堕落するので。やっぱり、「共和制」のほうが、私は好きです。

質問者A　「全体の幸福」のためには、そちらのほうがよくて……。

ハンナ・アレント　「共和制」で、そうした自覚と、やっぱり、知識・経験のある人たちが参加して、クリエイトしていく政治。「参加型の民主主義」なんですけど、いちおう、一定のレベルを自分たちでつくり上げてきた方々が意見を述べる、そういう政治でなければいけないなと思っています。

質問者A　そうですね。

ハンナ・アレント　それは、「王制」はねえ、絶対に三代以内に堕落しますから。

質問者A　「徳ある人」が出てくるほうが稀《まれ》ということですね。

ハンナ・アレント　難しいです。

質問者A　難しいですね。

ハンナ・アレント　うーん。

神に対しては、「請求《せいきゅう》」するのではなく「感謝」を

質問者B　自分自身は、本当は神への信仰心《しんこうしん》を持っていないにもかかわらず、人々を自分に従わせるためには、神を権威《けんい》として利用するという考えに対しては、どのようにお考えになりますでしょうか。

ハンナ・アレント　うーん……。神に対してはねえ、「請求《せいきゅう》」するんじゃなくてね、やっぱり、「感謝」するものだと思うんですよ、私はね。祈《いの》ってもいいけど、「感謝」なんですよ、基本はね。

だから、請求、「こうしてくれ」「ああしてくれ」ってやるのは、どうかなとは思いますよ。

2　アメリカのトランプ大統領をどう見るか

「マスコミが厳しい」ということは、「実力がある」ということ

質問者A　アレント先生から見て、今のトランプ大統領はどう見えますか。

ハンナ・アレント　まあ、それは、ご承知のように、非常に判定が難しい方なんだろうとは思います。うーん……、判定が難しいのは分かります。

ただ、うーん……。まあ、でも、アメリカのプラグマティズム（実用主義）に戻《もど》そうとしているのかなとは思いますけどねえ。ちょっと、理念的にね、オバマさんとかがね、理想的に言いつつ現実が敗れていっているようなのに対して、もうちょっとプラグマティックにやろうとしているなと思います。

だから、「力なきは正義を語れず」というふうに思っているんだろうと思うので、「その力の源泉の部分をつくり出す」ということをやろうとしているんだと思うんですよね。

質問者A　「国家として」ということですね？

ハンナ・アレント　そういうことです。

質問者A　習近平《しゅうきんぺい》氏や金正恩《キムジョンウン》氏からは、「民主主義の国家ほど、統治者が足を引っ張られてバカをしている国家はない」と見えているようですが、トランプ大統領も、すごく足を引っ張られています。トランプ大統領はああいう感じの方だから、そういう状況《じょうきょう》がもう嫌《いや》にならないのかなと思いまして、トランプ大統領がベトナムで北《きた》朝鮮《ちょうせん》の金正恩氏と対談したときに、台湾《たいわん》でトランプ大統領の守護霊《しゅごれい》に訊《き》いてみました。そうしましたところ、「それでも、やっぱり、民主主義がいいんだ」ということをおっしゃっていて、ちょっと感動しました。

ハンナ・アレント　しかたないところはあるでしょう。アメリカの大統領はね、アメリカ人以外の国を全部滅《ほろ》ぼすだけの権力を持っているんですから、現実に。世界中を滅ぼせるんですから。だから、監視《かんし》が厳しくなるのは、それはしかたがない。「マスコミが厳しい」っていうことは、「それだけ彼に権力がある」ってことでしょう？　彼は自分自身で判断したことをやってしまう。「本当にやる人」だから。だから、厳しいので。

質問者Ａ　確かに。一人でもマスメディアと戦っています。

ハンナ・アレント　「やらないで、いい格好をしている人」は、そんなに言うほどでもないんですよ。オバマみたいなのは何もしないから、たぶんね。ただ、トランプはやるから。本当にやるから。だから、厳しくなってる。だから、「マスコミが厳しい」ということは、「実力がある」ということなんですよ。

質問者A　なるほど。

ハンナ・アレント　間違《まちが》いなくそうなんですよ。本当に彼がやったら、戦争もできる。だから厳しい。「それだけの弾《たま》を受けよ」と言っているわけで。そのへんが、「民主主義の厳しさ」ですよね。

マスコミによる「悪口《わるくち》の自由」について

ハンナ・アレント　日本で言えば、将軍でも何でもいいけど、堕落《だらく》したり悪王になっている人は、やっぱり、マスコミがあったら、すごく批判されるわね。それで「撃《う》ち落とされてしまう人」もいるし、「耐《た》えられる人」もいるし、それは両方でしょうけどね。

北朝鮮だって中国だって、マスコミは、現実には成立しないですから。それは、全部、殺しに来ますから。

そういう意味で、「悪口《わるくち》の自由」は、それは仏教的ではないとは思うけれども、ただ、それを残しておかないと、やっぱり、権力者に対抗《たいこう》する手段がないから。

悪口でも、批判としては、まあ、何て言うか、「民主主義的」であるし、「平和的」ですからね。「紙に書いた批判を受け入れるか受け入れないか」を、みんなに見てもらうわけでしょう？

質問者A　はい。

ハンナ・アレント　真実でなかったら、書いた人が恥《はじ》をかき、職を失うこともあるわけですから、リスクは背負っていますし、批判を書いている人は、そんな権力者にはなれないから、普通《ふつう》はね。〝小さな石つぶて〟なので。ゴリアテに対して戦うダビデみたいなもので、〝小石〟で戦うので。それがマスコミの仕事なので。

まあ、トランプさんは強いから攻《せ》められてはいる。トランプ・タワーを持ってね、フロリダに別荘兼《べっそうけん》ホテルまで持っているような人だから。〝王様的なキャラ〟になりうる立場にありますから。

質問者A　そうですね。

大富豪《だいふごう》が政治のトップになることはめったにない

質問者A　権力を持ったら、一歩間違うと、習近平氏や金正恩氏のように全体主義的になる人もいるじゃないですか。でも、トランプ大統領は、あれだけ言われても、

「民主主義がいいんだ」と言っていて、すごいなと思います。

ハンナ・アレント　アメリカの大富豪《だいふごう》も尊敬はされるんですけど、大富豪が政治のトップになることは、めったにありませんからね。たまたま、それが、大富豪で政治のトップまで来ていますから、失うものは彼にはあるんですよ。

普通は、政治家はね、大富豪じゃないんで。政治資金は集めるけど、大富豪じゃないんで。彼は大富豪。

質問者A　下手《へた》すると全部、失う可能性がある。

ハンナ・アレント　うん。失うものがある。会社ごと失う可能性がありますから、下手したら。まあ、そういうリスクは背負っているけれども。

そういう大金持ちはね、政治の責任は取らないものなんです。普通は出ないので。

ビル・ゲイツは大統領選に出ない。財産を失うから。

質問者A　そうですね。

ハンナ・アレント　出ないんですよ。

質問者A　じゃあ、やはり、トランプ大統領は特殊《とくしゅ》な方ですよね。

ハンナ・アレント　リスクは背負ってますね。だから、私の分析《ぶんせき》ではちょっと難しいんですけれども。

ただ、「アメリカの大統領の持っている権限とは何か」をよく示している。よく分かりますね、彼を見ればね。本当に。

3　ハンナ・アレントの信仰《しんこう》と思想

「ハンナ・アレントは無神論」という言い方はおかしい

質問者Ａ　数日前、総裁先生が、「ハンナ・アレントは無神論ではないか」と言う人もいたとおっしゃっていたのですが、総裁先生の学生時代の論文を見ても、そうは思えませんでした。（そのように言う人は）おそらく、アレント先生の著作をそんなに深く理解して読めてはいないのでしょうし、実際に私が『アウグスティヌスの愛の概念《がいねん》』を読ませていただいても、そうではないと思うのですけれども。

ハンナ・アレント　「彼女は無神論」という言い方はおかしい。

だから、「キリスト教的な神を信じているか」と言われたら、それは違《ちが》う。屈折《くっせつ》している。「ユダヤの神に祈《いの》っても、ユダヤ人はこれだけ迫害《はくがい》された」ということに対する「悲しさ」を帯びていることは事実ですよね。

だから、「無力」ですよ。その意味での、ユダヤ人の無力さ？　「アイヒマンは責めてもいいけど、ユダヤ人の無力さも同時に自覚すべきだ」というようなことは言ってますよ。

それを「無信仰《むしんこう》」と言うなら、そういう言い方はあるかもしれないけど、私はそういうつもりで言っているつもりはない。単に、政治学的にそれを評価しているだけのことで。「ユダヤ人に、当時、立派な指導者がいなかったことを恥《は》じるべきだ」ということも言っているわけなので。

ナチスも、もちろん、悪いのは擁護《ようご》する人はいませんけれども、あれが、平凡《へいぼん》な、要するに、「凡庸《ぼんよう》な人たちによって、けっこう成り立っていた」ということ、「あれは、どこにでもいる人たちがやっている」ということを言ったので。「その、どこにでもいる人たちに、完全に〝奴隷化《どれいか》〟されて抹殺《まっさつ》されたユダヤ人も情けないな」

ということを言って。

当時、「戦うユダヤ人」がいなかったこと、古代の『旧約聖書《きゅうやくせいしょ》』に出てきたような、そうした偉人《いじん》が出てきて戦わなかったことに対しての歯がゆさが、私にはあるからね。それを「無神論」というように解釈《かいしゃく》する人もいるのかもしれないけれども。

「観念論哲学《てつがく》」の流れを引くハンナ・アレント

質問者A　でも、アレント先生を見ていると、「民族」という枠組《わくぐ》みで考えていないですよね。

ハンナ・アレント　考えてないんですよ。だから、ユダヤ……、というかドイツ人だったからね。ドイツ人だったから、「観念論哲学《てつがく》」の流れを引いているので。

観念論哲学は、要するに、「哲学が神学のレベルまで上がろうとしていた流れ」なので。「哲学が神学と代替《だいたい》できるかどうか」という。

哲学で言うと、「信仰を持っているか、持っていないか」は関係なく、ある程度、議論の対象になる。神学なら、「信じているかどうか」のところも、ちょっと問題になってくるけどね。

まあ、そういうところで、哲学が、要するに、「信仰」を超《こ》えて、「普遍《ふへん》的な理性とは何か」を追究するものではあったからね。それは、カントも持っているような「無神論性」が、哲学のなかにはあることはありますけどね。「神」に対して、「理性」でもって置き換《か》えようとするところはあるから。

この「神」というのが、えてして、先ほど言ったように、王制みたいな「君主」とか「王様」になって現れてくる神が多いからね。歴史的にはそうだから。

それに対して、その神と称《しょう》する人の「個人の自由意志」だけでやられるんじゃなくて、やっぱり、「普遍的な理性」というもので、ある程度方向づけないと、危険があるという考え方を持ってはおりましたが。

そういう意味での「良識の蓄積《ちくせき》」というか、「時代を貫《つらぬ》くもの」というのは、やっぱり、知っていなければいけないんじゃないかなあ。
男女や民族の差を超《こ》えた「ユニバーサルな人間としての判断」を

質問者A　いつも、「民族神」ではなくて「創造主」……。

ハンナ・アレント　「民族神」じゃないですね。

質問者A　「創造主」と、いつもアレント先生は対峙《たいじ》しているようなイメージなんですけれども。

ハンナ・アレント　私も、初期のころ、シオニズム運動にも、フランスのほうでは協力していたこともあるんだけど。シオニズム運動は、要するに、「ユダヤの国を、イスラエルを中東につくれ」という運動だけどね。イギリスとかもやったけど。

一般的《いっぱん》には、「それに比較的《ひかく》反対的だった」というふうに捉《とら》えられていることがあるし。「シオニズムに反対」「フェミニズムに反対」というように言われているんですよ。

質問者A　なるほど。

ハンナ・アレント　私にとっては、男女なんかどうでもいいことであって。「何が正しいか」が問題であって、「女性だったら、男性と全部同じにしろ」っていうのは、そんなの、ずいぶん乱暴な議論だと、私は思います。

私は、「女性だから」ということで、自分がそんなに不利だったとか思ったことがないので。女性だろうが男性だろうが、知性での議論は一緒《いっしょ》ですから。そういう意味のフェミニズムも、甘《あま》えがあるというふうに考えるし。

だから、「ユダヤ人か、ユダヤ人じゃないか」っていうようなことだけで、「ユダヤ人だから擁護されるべきで、ユダヤ人のことを悪く言ったやつは完全に悪だ」みたいな考え方は、あまりにシンプルすぎて、私はとても乗れないので。もうちょっと「ユニバーサルな人間としての判断」が要《い》る。

同じようなことは、今の朝鮮《ちょうせん》半島にも言える。「韓国《かんこく》の批判をするやつは許せない」みたいな感じで、日本は、ヘイトスピーチに必ずなるでしょう? 韓国を批判したら。

質問者B　はい。

ハンナ・アレント　それは、ヘイトスピーチもあるだろうけど、正当な批判もあるはずなので。「全部がヘイトスピーチ」「言ったらヘイトスピーチになる」っていうのは、これはまた、「全体主義」ですよ、一種の。「言論的な全体主義」なので。こういうのはあんまりよくないし、中国に対しても同じようなことは言えると思うね。

だから、私は、「男女の差とか、民族の差によって、善悪がコロコロ変わる」というのは反対だし、「先入観」で全部決まるのも反対だし。

やっぱり、そうじゃなくて、もうちょっと、それを貫いた「普遍的な目」で見てもらいたいなと思っています。

大川総裁も、私ができなかった仕事を、その後の国際政治の流れのなかで、「ハンナ・アーレントなら、どう考えるか」というようなのを、さらに発展させようとして。「ハンナ・アーレントなら、中国に何と言うか」「北朝鮮に何と言うか」、いちおう、代わりにやってくれて。

さらに、今は、もっと実践《じっせん》的、実践論を踏《ふ》まえてやってるんだろうから、現実。「思想の次元」だけでなく、「現実の次元」もやってるんでしょうから。

私は応援《おうえん》してますよ。ありがたいと思っています。

4 「自由・民主・信仰《しんこう》」の思想について

幸福の科学の思想との共通点

質問者A　（総裁先生の説かれる）「自由・民主・信仰《しんこう》」も、アレント先生には合っていると思います。

ハンナ・アレント　いや、私は応援《おうえん》して、（法話《ほうわ》の）支援霊《れい》をしてもいいけど、（内容が）難しくなったら怒《おこ》られるから。

質問者A　（笑）

●「自由・民主・信仰」……　「自由・民主・信仰」は、2018年5月3日の法話「高貴なる義務を果たすために」等で説かれた言葉。なお、本霊言収録の約1カ月後の2019年5月14日に千葉県・幕張メッセで、法話「自由・民主・信仰の世界」が行われた。『自由・民主・信仰の世界』（幸福の科学出版刊）参照。

ハンナ・アレント　まあ、自分では自薦《じせん》しません。自薦しませんけど、まあ、必要なら行きますけど。

質問者A　そこは、考え方は、地球神と合っているということでよろしいでしょうか。

ハンナ・アレント　「自由・民主・信仰」は一緒《いっしょ》です。そのとおりですよ。

質問者A　一緒ですよね。

ハンナ・アレント　でも、「平等」のところを、やっぱり、どういうふうなかたちでクリアするかは難しいわね。

「平等」というのも、機械的平等……、何て言うか、「機械で物をつくるように、みんな同じロボットになる」とか、「同じ車種になる」とかいうような平等だったら賛成はできないけど、「基本的な人権の部分での平等」というのは、私は納得《なっとく》はいきますけどね。

ただ、そのなかでも、「言論に差が出てくる」とか、「政治的なパワーに差が出てくる」、これはしかたがないので、これは平等にはできないとは思っています。

質問者A　それも総裁先生と同じですよね。

ハンナ・アレント　だから、そんなに大きくは変わらないと思います。

まあ、もちろん、こちら（幸福の科学）は、もっと信仰者の立場だろうから。

質問者A　ええ。

ハンナ・アレント　この方は、だから、信仰をもっと求めてもいい立場にあるけど、自分では言わない、あんまり言わない方ですね。「私を信仰しなさい」とは言わない。

質問者A　ああ、「総裁先生が」ということですね。

ハンナ・アレント　うん。言わないですね。言わない。それは、みんながそう言うべきであって、自分は言わないですね。

質問者A　はい。ご自分のことを。

ハンナ・アレント　「自分を信仰しろ」と言ったら、それに反対する者は全部切って捨てられますから。ね？　それは、「おまえは信仰に反する」ということで切れるでしょう？

だから、総裁はそれを言わないから、ほとんど。まず言わないですね、ほぼね。ほかの人が言うべきであって。考え方としては示すけれども、そういうことは言わないね。

要するに、自分のやることに反対したら、「信仰に反する。おまえはクビだ！」みたいなことは言わないですよね。そういうやり方ではないですよね。

「タイの王制」と「日本の天皇制」をどう見るか

質問者A　難しいですよね。例えば、タイの国王たちにしても、その国王のおかげで繁栄《はんえい》を民《たみ》が享受《きょうじゅ》できたとしても、「自分が神だから、それ以上の神は存在しない」というようなことになってしまって、死後、地獄《じごく》に行っていたりします。仏教国と言いつつ、ある意味、信仰もやや違《ちが》ったかたちになってしまったりして、複雑ですよね。

ハンナ・アレント　タイはね、やっぱり、反軍政の政党をできるだけ押《お》さえ込《こ》もうとしてやっているよね。必死でやっているけど。

それはなぜかって、やっぱり、軍が王制を護《まも》っているからですよね。王様が軍を直属で率いているから、ここのところが取られると王制がなくなるから。要するに、民主主義があると、王制がなくなる可能性があるんですよ。

日本的な「象徴的《しょうちょう》民主主義」なんか、なりたくない。天皇になったら、もう〝籠《かご》のなかの鳥〟になっちゃうから。タイの王様は、それが嫌《いや》なんで、ええ。もうちょっと権力を持っていたいので。お金も権力も持っていたいので。

だから、ここのところが、本当は許されるかどうかは、議論の的《まと》になりますね。

「アンチ共産主義」というのは、要するに、「王様も国民も平等だ」って言われると、たちまち困るから、それは「アンチ共産主義」なんだけど、やっていることは、「中国共産党のトップがやりたいこと」と一緒ですよね。

質問者A　日本も、「もし戦争に負けなかったら、天皇制はタイのような国王制になっていたのではないか」というような説もありますけれども。

ハンナ・アレント　まあ……、ちょっと、「天皇制」も、過去、何度も浮《う》き沈《しず》みがありますからね。

だから、天皇がいいときには上がってくるし、将軍のほうがいい場合には将軍が上がって、天皇が後退するし。ただ、そういうものは、幕府が腐敗《ふはい》したときに担《かつ》ぎ出されてくるのが役割ですよね。まあ、そういうふうになっているので。

まあ、それは、〝日本的・芸術的な政治〟なので。

「地球レベルで考えて、これが正しい」という視点

ハンナ・アレント　私も、中産階級のユダヤ人家庭に生まれて、不自由はしなかっ

たけど、父親は若いうちに死んで、母が再婚《さいこん》して、あと、経済的に安定して、大学は行けたけど、やっぱり、「アンチ・ユダヤ人」が始まったから、結局ね、亡命しなきゃいけなくなって。

そういう避難《ひなん》民としてのユダヤ人が世に認められるためには大変で。アメリカはパラダイスだけど、やっぱり、ね？　言論を封殺《ふうさつ》しようとする動きは、いつもあったからね。「ユダヤ人がユダヤ人を悪く言った」と言って、やられるわけで。

私は、ユダヤ人であるよりも、もう当時はアメリカ人になっていたから。元ドイツ人であったのと同じく、アメリカ人になってアメリカ人として考えると、「法治《ほうち》主義」や「法の適正手続」から考えると、やっぱり、「アイヒマンの裁判は違法《いほう》性を帯びている」という感じは持っていたからね。

だいたい、そもそも、南米まで行って逮捕《たいほ》する権限があるのかっていうことですよねえ、イスラエルのモサドがね。「南米まで行って逮捕して連れてきて裁判する」って、そんなの死刑《しけい》に決まってるからねえ。本当、結論が分かっている裁判ですから。

それは、アメリカ人らがアメリカ国内で裁かれるとしたら、そうは、やっぱり、ならないですからね。

そういう議論がまったく成り立たない。もう憎《にく》しで、最初から〝悪魔《あくま》〟ということになるのは決まってたから。宗教的に〝悪魔〟ということなんでしょうけど。

それについては、「悪の程度」っていうのは、やっぱり、思考する人間としてね、要するに、「自分で考えて悪を犯《おか》した人間と、考える能力さえなかった人間とは違いがある」ということを述べただけなんですが。

それを、「役人として職務を執行《しっこう》しただけであって、生まれつきデモーニッシュ（悪魔的）な人間であるわけではない」と言っただけで、ユダヤ人仲間からも疎外《そがい》されて、孤立《こりつ》して、「大学も辞《や》めろ」と、ずいぶんプレッシャーをかけられましたからね。

だから、私はそういう「ユニバーサルマン」なんで。その考えは、おそらく大川総裁も一緒だと思うんですよ。

質問者A　そうですね。

ハンナ・アレント　「日本人だから」という考えではないと思うんですよ。

質問者A　今、総裁先生がおっしゃっていることも、総裁先生が日本人に生まれたからおっしゃっているわけではないところがあります。

ハンナ・アレント　「地球レベルで考えて、これが正しい」というふうに見ていると思いますから。そういう意味では、私たちは共通しているとは思うんですけどね。

全体主義を防ぐ、「自由の地平を拓《ひら》く政治」が必要

質問者A　『正心法語《しょうしんほうご》』（幸福の科学の根本経典《こんぽんきょうてん》）にあるように、「自と他を同じように愛せるか」というところもありますよね。

ハンナ・アレント　ほかの人も感じていると思いますが、総裁の場合は、「年齢《ねんれい》とか男女に関係なく、人間としては、同じく幸福になる権利はあるし、考えに違《ちが》いがあってもいいし」と思っていますから、間違いなく。間違いなく尊重しているはずですから。

質問者A　それはみんな感じていますね。総裁先生と接した人は、「総裁先生が愛を持って自分にも接してくださっている」というのが……。

質問者B　はい。

ハンナ・アレント　「年が若いから黙《だま》っていろ」とか……。

質問者A　言われないですね。

ハンナ・アレント　「女だから黙っていろ」とか、「おまえは大学を出ていないから黙っていろ」とか、そういうことは言わないでしょう？　そんなことは言わない人だから。

質問者A　年上の人には、敬意を払《はら》われていますし。

ハンナ・アレント　うん。だから、「その言っていることは、正当性があるかどうか」を見ているだけですから。

質問者A　要するに、王様にしても、政治にしても、そういう公平な愛の思いを持っている人が立てば、「幸福の最大化」を、より実現できるのではないかということですよね。

ハンナ・アレント　私の全体主義分析《ぶんせき》だって、基本的に、要するに、「この世の地獄」というものを現実に見たからね。「こういうかたちで、この世に地獄をつくることができる」っていうことを、「全体主義によって地獄がつくれる」っていうことを見たからね。「これをどうやって防ぐか」「考え方によって、これが防げるか」っていうことを提示しているわけで。

それで、やっぱり、「労働《レイバー》が正しい」という思想の下《もと》に政治をつくったら、共産主義にしかならなくなるので。「そうじゃないんだ」ということで、「『活動』を中心にした、自由の地平を拓《ひら》く政治が必要なんだ」と言っているわけですね。

その先にあるものは、それは、神の持っている神聖なものですよ。それは、修道院にもある、そういう「観照《かんしょう》的生活」が上にあることは知っていますよ。

ただ、政治家にそこまで求めるのは、厳しいとは考えていますけどね。市民のレベルで、やっぱり、考えるべきだと思うから。

5　国を超《こ》えて広がるべき幸福の科学の使命

哲学《てつがく》や神学を学ばなければ「ハンナ・アレント」は理解できない

ハンナ・アレント　（大川総裁が大学時代に）篠原一《しのはらはじめ》さんのところに、その論文（本書第3章）を出したのは、どういう意味があるか分からないけれども、とにかく、まあ、「参加民主主義」っていうか、「参加の政治」を彼は言っていましたから、「理解ができなくはない」と思っていたんだろうとは思いますけどね。

東大で「ハンナ・アーレント」を教えられる人は誰《だれ》もいなかったからね、当時。だから、東大でハンナ・アーレントについて論文を書いた、これ、最初の論文です。

質問者A　なるほど。

ハンナ・アレント　誰も書いていなかった。今も書いていないと思います。だって、難しいからみんな逃《に》げる。恥《はじ》をかくから、下手《へた》すると。難しい。分からないんですよ。言っていることが難しいので。書こうとしたら、哲学《てつがく》の勉強をしなきゃいけなくなるから、書けないんですよ。そうすると一生では書けなくなるので、みんな逃げるので、もうちょっと違《ちが》うところに。

だから、大川総裁が在学中に、ハンナ・アーレントについての、短いけれども、研究論文を最初に書いたんです。初めてです。それを書いた人は誰もいない。書けないんですよ。

これが分かるには、「神学」、要するに「天国と地獄《じごく》」、そして、「それが、この世の地上の政治において現れてくる」っていうところ。ここまで見抜《みぬ》かないと、書けないんですよ。

「この世に現れた地獄」を私は批判したんですよ。「この世の地獄は、何度でも起きることだ」と言って。だから、ウイグルに起きた地獄、チベットに起きた地獄、香港《ホンコン》に起きようとしている地獄。「これは何度でも起きるんだ」ということを言っているので。

そのための分析《ぶんせき》手法を教えているんだけど、そういうことを……。要するに、そういう神学性がない人は、「この世の地獄」は意味が分からない。分からないんですよ。

質問者A　ああ、そうですよね。総裁先生も、アレント先生について、「悪についてもかなり書いているけど、悪について書くには、やっぱり、神への信仰《しんこう》など、神に向かっていくものを持っていないといけない。そうでなければ、善と悪が分からないはずだから」とおっしゃっていました。

ハンナ・アレント　まあ、でも、私のレベルは、そんな高くはないんでね。アウグスチヌスの分析まではできても、イエスは分析できないレベルですから、私のは。そこまでは行かないので。

だから、イエスのレベルまで行くんだったら、「もう一つ上の認識力」がなければ無理だと思うので。それができるのは、大川総裁だけでしょう？

質問者Ａ　はい。そうですね。

ハンナ・アレント　救世主の分析まではできないです。政治哲学者としては無理です。

だから、中国人に孔子《こうし》が分析できないのと同じでしょう。大川総裁には、孔子は全部、手に取るように分かるはずです。

まあ、そういうことなんですけどね。

イスラム教改革に入るために必要なこととは

ハンナ・アレント　それから、「イスラム教が全体主義かどうか」の分析が、次、まだあるので。私も、これはできていない。生きているときにできていないので。大川総裁の、まだこれから先には、「イスラム教分析」もたぶん入ると思うので。イスラム教も全面肯定《こうてい》ではないと思うので、変えるべきところ、勧告《かんこく》は、たぶんすると思います。中国を責めるだけではなくて、イスラム教のなかにも変えるべきものは、やっぱりあるから。

今どき「石打ちの刑《けい》」があるなんて、やっぱりやめるべきですよ。これは恥《は》ずかしいことで、アッラーの名において、これは変えなければいけないです。「アッラーが命じたことは変えられない」って言うんだけど、そんな〝石頭〟のはずがありませんので。当時の風習ですから、単に。

人を首まで砂に埋《う》めてね、石をぶつけて殺すなんて、『聖書《せいしょ》』にも書いてありますけどね、それは、あの砂漠《さばく》地帯の習慣ですよ、単に。

今の近代法の世界で、こんなのが許されるわけがありませんから。「適正な法手続きに基《もと》づく裁判」なんか、成り立たないですよ、これ。「神が命じているから」って、みんなで石を投げて殺すなんて、これは、やっぱりあってはならないことで。こういうところを直すべきですよね。

だから、このへんのところまで、たぶん、踏《ふ》み込《こ》まなきゃいけなくなると思うので、幸福の科学の規模が一定レベルで必要になるんですよ。

だから、国を超《こ》えて、ある程度、意見がプリベイル（prevail）というか、広がっていかなければいけないところがあるので。

（大川総裁は）考えを持っていると思いますよ。でも、「言うべき時」があるから、それを待っているんだと思いますねえ。

「試験で測れる知性」には限界がある

ハンナ・アレント　学者というのは、まあ、せいぜい、菩薩《ぼさつ》に達しないレベルの人たちがやっている、頭がいいだけでやっている人たちが多いので。六次元的なレベルでは、幸福の科学の分析はできません。無理だと思います。

だから、「知識」だけでやれると思ったら間違いです。

知的レベルだけで測ろうとする風潮は、今、あるけれども、幸福の科学は「愛・知・反省・発展」、四つ入っているんでしょう？　少なくとも。

質問者A　はい。

ハンナ・アレント　まあ、それに、もちろん「信仰」が乗ってますから。

●六次元　あの世（霊界）では、各人の信仰心や悟りの高さに応じて住む世界が分かれており、地球霊界では四次元幽界から九次元宇宙界まである。六次元光明界には、学者や政治家など、各界の専門家等が住んでいる。『永遠の法』（幸福の科学出版刊）等参照。

質問者Ａ　「信仰」が前提です。

ハンナ・アレント　「信仰・愛・知・反省・発展」でしょう？　だから、これが入っているのは「知」のところだけ。「知」にもいろいろあるけれども、（生霊《いきりょう》の方のおっしゃる「知」は）「試験で測れる知」だけなんでしょう？

質問者Ａ　そうですね。

ハンナ・アレント　「試験で測れる知性」は、「国民を幸福にできるような知識」と一緒《いっしょ》のものではないです。それは違います。けっこう独善的なものです、ある意味でね。だから、〝毒されている部分〟はあると思いますね。
　もうちょっと、「喜び」も「悲しみ」も経験してね、やっぱり「厳しさ」とかも経験したほうがいい。

私なんかでも、父が亡《な》くなるとか、あるいは国がなくなる？　そして一時期、収容キャンプにも入ったこともあるし。だから、アメリカはパラダイスにも見えたし、その観点から、もう一回、「古代のギリシャの理想」みたいなものも政治の世界に取り戻《もど》そうとして、まあ、戦っていたわけで。

その言論は自動的に、その当時からあとの、「ソ連や中国に対するファシズム批判」にもなっていたはずなんですけどね。でも、日本では分からなかったようですが。

ハンナ・アレントの「ユニバーサルマン的なものの考え」

質問者A　アレント先生の大学のときの最初の論文が、「アウグスチヌスにおける愛の概念《がいねん》」ですから。

ハンナ・アレント　そうです。

質問者A　その時点で……。

ハンナ・アレント　宗教的ですよ。

質問者A　「愛」について、よく分かっていたということですよね。

ハンナ・アレント　宗教的ですよ。

質問者A　宗教的なんですよね。

ハンナ・アレント　だから、まあ、その「フェミニズム」にも、必ずしも賛同しなかったし、「シオニズム」にも必ずしも賛同しなかった。

シオニズムに賛同しなかったのは、結局、中東にイスラエルの国を建てて、それは、政治的な紛争《ふんそう》が起きるのは、もう目に見えてますから。「そこに正義があるかどうか」ということになると、千九百年なかった国がね、建つというのは、国を建てられた周りの国は、それは大変なことになるでしょうからね。

戦争になるのは、もう見えてたからね。第四次中東戦争まで行きましたから。「やっぱり、なったか」ということでしょう？

だから、政治学者として見たらね、簡単に宗教的信条をそのまま採用するわけにはいかなかったけどね。

でも、まあ、「ユニバーサルマン的なものの考え」は要《い》るんじゃないでしょうかね。

質問者Ａ　はい。ありがとうございます。勉強になりました。

ハンナ・アレント　はい。

質問者B　ありがとうございます。

第3章

特別収録
H・アレントの『価値世界』について

一、価値世界の構造

ハンナ・アレントの政治哲学を理解するうえで特筆に値することは、彼女が非常に価値について敏感であるということである。歴史を語る際にも、政治現象について述べるときにも、また自ら使う用語を定義する場合にも、アレントはいつもある種の「価値」について想いを巡らせており、それを見抜かないかぎり、われわれは彼女を語り尽くせない。安易に彼女の思想を批判することは、二人の力士が異なる土俵に立っているのに気づかないままに相撲をとろうとすることに似ている。

例えば、「革命」観にしろ、「権力」、「暴力」についてであれ、また「全体主義」の問題にせよ、アレントの考えは非常に特異なものとしてわれわれの眼に映る。けれども、それらを常識的な立場から、また通説的な立場から、議論の対象とし、論議の土俵に持ち込もうとすれば、大きなすれ違いが生ずるのである。つまり常識を転倒させたところにアレントの功績があるのであり、常識の立場から批判を試みるのは順序が逆なのである。だがもちろん「常識」の側から様々の疑問が提出されることは想像に難くないし、また避けられないであろう。それに対してはアレント自身の著作が——正確にいえば全著作が——こたえているのである。ここで注意すべき点は、アレントのそれぞれの著作は、別棟の建物ではないということにある。つまり全著作が一つのまとまりを見せているのである。この文脈に於いて「まとまり」に相当するのが、先ほど述べた「価値」なのである。

この「価値」とは「人的価値」とでも言うべきものであり、内に「精神的価値」と「政治的価値」を併せ持っている。「精神的価値」とは、アレント自身の言葉を用いるならば、「伝統的ヒエラルキー」（traditional hierarchy）(1)に対応するものであり、「政治的価値」とは人間の行為能力に対するアレントの実質的な好みにほかならない。この二種類の「価値」が表裏一体となって「人的価値」内部のヒエラルキーを形造っているのである。

次にアレント政治哲学を理解するうえで大切なことは、時間と空間に対する把握の仕方の特殊性である。時間は「過去と未来という二重の無限の彼方に延びている歴史(2)」という彼女自身の言葉に端的に示される通り、両端に向かって限りなくのびる直線として観念されている。そしてこの直線に沿って転倒と循環を繰り返しながら、歴史のドラマは進行し、完結し、「はじまり《ビギニング》(3)」があり、また進行するのである。

他方、空間の把握の仕方には、特殊性というよりはむしろ独創性といいうるものが見受けられる。アレントは空間を「私的領域《ザ・プライビット・レルム》」と「公的領域《ザ・パブリック・レルム》」の対立図式に於いて捉えている。アレントによれば「私的領域」に対応するのが、古代ポリス社会の家族の領域であり、「公的領域」にあたるのが自由人たる市民による政治の領域である。(4)この二つはポリス時代には判然と分かれていたが、ヨーロッパの封建時代には古代の「私的領域」にあたる「世俗的領域《ザ・セキュラー・レルム》」が成長してきており、(5)比較的新しい現象として国民国家の政治形態あたりから雑種的な「社会的領域《ザ・ソーシャル・レルム》」の急速な成長が見られるという。(6)

いずれにせよ、この「私的領域」と「公的領域」を両極とする空間把握の仕方は、アレントを理解する上で重要な鍵《キー》概念となる。

以上で私は、アレントの世界を形造っている三本の柱について簡単に触れた。さてこの三本の柱の相互関係はどうなっているであろうか。まず言えることは、アレントの思想体系はタテ・ヨコ・タカサを持つ一つの立体的空間を創り出しているということである。即ち、過去―未来を貫く「時間の座標軸」と「私的領域」―「公的領域」を貫く「空間の座標軸」が交わって一つの平面を生み出し、これに「人的価値の座標軸」が交わって三次元空間が創られているのである。ここでは、それぞれの座標軸が順にタテ・ヨコ・タカサに相当している。この三次元空間を私は、H・アレントの「価値世界」として定義したい。というのも、あますところなくあらゆる政治現象をアレントは無意識のうちに「時間」「空間」「人的価値」の三本の座標軸からなる世界内部で、運動する直線の座標として位置づけようと試みているからである。

次に、アレントの「価値世界」の見取図を示せば（図1）のようになる。各座標軸の交点である原点は「時間の座標軸」に於いては近代の始まりを表わし、「空間の座標軸」に於いては「社会的領域」勃興の起源を示し、「人的価値の座標軸」に於いては、「精神的価値」としては「耐久性（永続性）」を、「政治的価値」としては「有用性」を示す点に対応している。さらにこの「価値世界」に於いて、過去から未来に向けて運動し、現代に入って屈曲している一つの直線と古代（ポリス時代後半）から始まって近代の中途でフッと立ち消えになっている線分を書き記してある。これはアレントがその著『人間の条件』の中で試みた人間の行為能力「観照《コンテンプレイション》」・「活動《アクション》」・「仕事《ワーク》」・「労働《レイバー》」のそれぞれの生み出す生活様式のヒエラルキーの推移の説明を「価値世界」の中で私が再現したものである。アレントが意図しつつも完全には説明し尽くせなかった「観照」・「活動」・「仕事」・「労働」のヒエラルキーの「転倒《リヴァーサル》」をかなり明確に示していると思われる。

以下、（図1）を念頭におきつつ「価値世界」の構成要素について更に検討を加

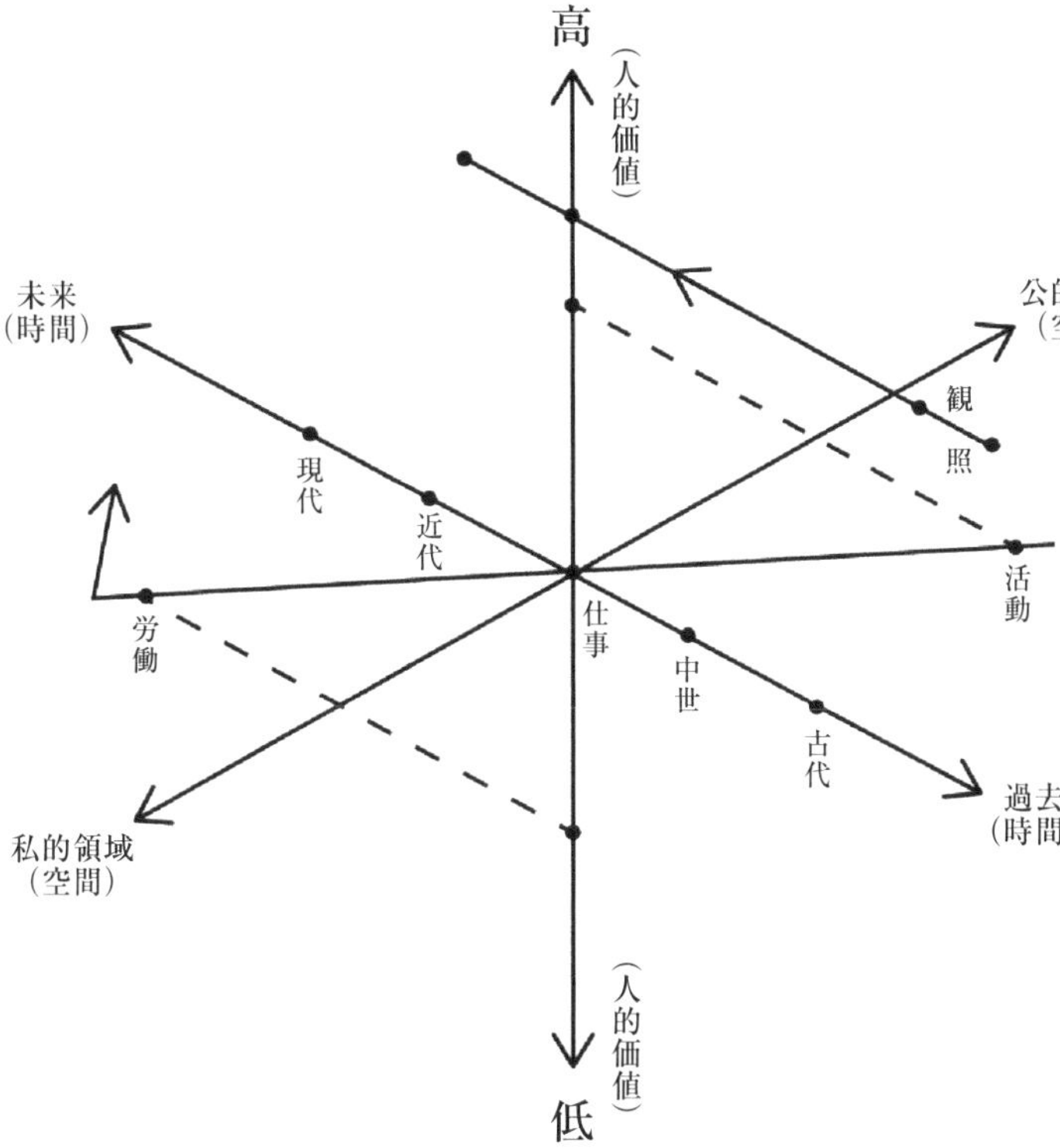

（図１）〔価値世界の見取図〕

え、併せて、「価値世界」内部に生起する政治現象を、運動する直線との連関に於いて位置づけることを試みる。（図1）が完全に理解されれば、H・アレント政治哲学の全貌は暗闇から引き出され、ほぼ白日の下にさらされることになるだろう。尤《もっと》も、ここで付言しておかねばならないことは、私の意図しているのはアレント政治哲学の要約ではなく、その核心にあるものに光をあて、骨格を浮かび上がらせ、特に意義深い問題を論ずることだ、ということである。実際問題としては、アレントによる「人間把握」・「空間把握」・「歴史把握」に大別してそれぞれの枠組みを明らかにしながら、興味深い問題に焦点を合わせてみたい。

（1）この言葉は、例えば、H.Arendt, *The Human Condition*, p.17.（The University of Chicago Press, 1974.）ほか、随所に散見される。

（2）H・アレント、志水速雄訳『歴史の意味』（過去と未来の間にⅠ）合同出版、一九七〇年、九六頁。

（3）例えば、H.Arendt, *On Revolution*, p.204.（a Pelican Book, 1965.）を見よ。「はじまり」という言葉はアレントの愛用する言葉の一つで、《Initium ut esset homo creatus est.》――「はじまりがなされんために人は創られた。」というアウグスチヌスの言葉に由来している。ちなみに、アレントの最初の学位論文は『アウグスチヌスにおける愛の概念』であった。

（4）Op. cit., p.28.

（5）Ibid., p.34.

（6）Ibid., p.28.

二、人間把握

アレントは、常にラディカルに言葉の分析をすることを旨としている。例えば、人々が「資本主義」・「社会主義」の区別を自明の前提として両体制の未来を考えているときに、アレントは「この二つは違う帽子を被った双子のようなもの」[1]だと考え、共通項としてあるのは「徴用」であり、「社会主義という時に何を皆は想像されるのか知りませんが、ロシアで現実に起こったことを見れば徴用の過程はさらに前進していることがわかります。」[2]と述べたのである。アレントがさらに「『第三世界』というのはイデオロギーであって、現実ではない。」[3]という有名な言葉を吐くとき、われわれは啞然とすると同時に、そこに政治を考察する際のもう一つの方途が示されていることに気付く。即ち、言葉そのものに対して根源的なアプローチをしつつ政治現象を解明しようとする態度がそれである。

この観点に立って「私たちの行っていることを考える」(4)と奇妙な政治的風景が浮かび上がってくるのである。アレントは人間の主要な行為能力として、「観照《コンテンプレイション》」・「活動《アクション》」・「仕事《ワーク》」・「労働《レイバー》」を挙げる。この分類自体が既に独特のものであるが、ここにも例えば、「仕事」と「労働」の区別がなくなりつつある現代社会にメスを入れようとするアレントの意図が既に窺われるのである。この四つは生活様式としては大きく「観照的生活」(vita contemplativa) と「活動的生活」(vita activa) とに分類され、「静」と「動」との対比をなしている。

まずわれわれは基本概念の定義にとりかからねばならない。「観照」とは何であるのか。歴史的起源として、彼女はこれを、ソクラテス事件の際の哲学者とポリスとのコンフリクトの結果、偶然に哲学者の生活様式として発見されたものだという。(5)「観照」はそれ以前からあったのではないか、という疑念が当然私たちの脳裡をかすめるが、「われわれの政治思想の伝統は、明白にプラトンとアリストテレスの学説から始まった。そして、同じくらい明白にカール・マルクスの理論で終わったものと私は信じている。」[6]とする彼女の考え方に接すれば、なるほどと頷ける。即ち、アレントは「観照」をも政治的意味との連関に於いて述べているのであって、哲学者の生活がいつから始まり、いつ終わったかということを問題にしているのではないのである。

意味の面で「観照」を定義すれば①「驚き《タウマゼイン》」の言いかえであり、言葉によって表しえない「永遠なるものの経験」を指す。[7] ②イデアの世界の一定の永遠性と卓越性を持つモデルを眺めることである。[8] 以上の二つとなる。だが、政治に寄与した観照の影響力はそれほどないため、アレントの中心的な考察はおのずから「活動的生活」内部の「活動」・「仕事」・「労働」の三つに絞られてくる。以下これら三つの行為能力を「活動力《アクティヴィティーズ》」と称する。

簡単に定義してみよう。①「活動《アクション》」とは、〈物―人〉間で行われる行為ではなく、直接人と人との間で行われる唯一の活動力であり、「多数性《プルーラリティ》」という人間的条件に対応する。[9] ②「仕事《ワーク》」とは、物に働きかけて自然環境とは異なる「人工的世界」を作り出す活動力であり、「世界性《ワールドリネス》」という人間的条件に対応する。(10)③「労働《レイバー》」とは、生命過程の中で生産され、消費され尽くす生活の必要物を提供するための活動力であり、「生命そのもの」という人間的条件に対応する。(11)要するに、「活動的生活」とは人間が積極的に何かと係わっていく場合の生活である。

さて、この三つの活動力の持つ政治的意味について考えてみたい。まず「活動」であるが、アレントが人間の活動力のうち一番高く評価しているものがこれである。出現空間としては、「活動」は「公的領域」に見られたものである。いいかえると、ポリスで政治を行う場、即ち、政治的な領域で、人々が自分の姿を現し、見られ、聞かれ、また話しかけられたりする行為が「活動」だったのである。「活動」の場に生ずる「政治的価値」は一体何であろうか。アレント自身の言葉を引用してみよう。「自由への権利の所有と異なって、人間が自由であるのは、人間が活動しているかぎりであって、その前でもその後でもない。なぜなら、自由であることと活動することは同じことであるから。(12)」アレントが「自由」という言葉を使うとき、彼女が考えているのは、「政治からの自由」というような消極的な自由ではない。それは「政治への自由」であり、積極的に参加するための自由なのである。彼女にとっては「最も崇高な意味における自由」(13)こそが活動する自由なのである。バーナード・クリックがその著『政治理論と実際の間』で、「ハナ・アーレントは、若干誇張してではあるが…」(14)と前置きして引用した通り、「政治の存在理由《レゾン・デートル》は自由であり、その経験の場は活動である。」(15)とまで述べている。極言すれば、アレントに於いては、人間的であることと自由であることとは同じことであり、自由であることとは政治的活動をすることとなのである。換言すれば、政治的自由を持っているものこそが人間であり、それを持たないものは、本性に於いて動物とかわらない奴隷そのものである、というのが彼女の持論なのである。それゆえ、マルクス以後「労働」が政治的な価値として不当に高く評価された「社会」は、人間を奴隷状態にまで貶める悲しむべき状態にあると彼女の目には映じたのである。

だが、アレントは「活動」という人間の能力を高く評価しつつも、それを溺愛しているわけではない。彼女は返す刀で「活動」の三重の欠点として、①活動結果の不可予言性②活動過程の不可逆性③活動過程を創る者の匿名性を挙げている。(16)そして更に、われわれの時代の「活動」については、「活動する能力があらゆる人間的能力と人間可能性のうちでもっとも危険であることは疑いないし、今日人類が自ら招いて直面している危険がかつては存在しなかったことも疑問の余地がない。(17)」としている。この文脈に於いてアレントは、彼女にとっては政治的には現代のはじまりを意味する原爆の投下や、その後の核兵器を開発しつつもそれを管理するすべを知らない人間たちの未来を憂えているのである。確かにアレントはポリス社会の人間の自由な「活動」を憧憬してはいるが、常に歴史の流れを認識しているのであり、この点からしても、彼女を単なる懐古主義者と決めつけるのはあたっていない。以上で「活動」に対応する「政治的価値」が「自由」であることを述べた（用語の統一上以下「自由性」という言葉を当てる。）。

さて他の二つの活動力についてはどうであろうか。アレントにとって「仕事」とは道具を用いて耐久性のあるものを生み出し、手段によって目的を追求するものである。それゆえ、「政治的価値」として出現するのは「有用性」である。それが「力」に転化した場合、生ずるのは「暴力」である。なぜならば、暴力行為の主たる特徴は、「目的を正当化し、それを達成するために必要と認められる手段によって、目的自体が押しつぶされる危険を常に孕んでいる点」(18)にあるからである。

「労働」についてはどうか。「労働」は「必要」のために行われ、消費によってその過程を終えるものである。それゆえ、対応する「政治的価値」は「必要《ネセシティ》(性)」である。「胃袋の反乱は最悪のものである。」とフランシス・ベーコンをして言わしめたように、(19)フランス革命の原動力に転化したのは、「必要《ネセシティ》」であり、「貧窮《ネセシティ》」であった。これで活動力に対応する三つの「政治的価値」について述べ終わった。

最後に、「観照」にあたる「政治的価値」は何であろうか。アレントは明確には述べていない。だが後で記すように「観照」に対応する政治的な影響力としては「権威」が相当するため、「政治的価値」として「崇高性」を挙げてよかろうと思う。

「人的価値の座標軸」の「政治的価値」の側面が以上で出そろったことになる。即ち、「政治的価値」とは「崇高性」「自由性」「有用性」「必要性」の四つであり、前二者の序列をアレントは明らかにしてはいないが、一応この順でヒエラルキーをなすと考えてもよいであろう。

さて、さらに進んで、われわれは「精神的価値」について検討を加えねばならない。ここで私の使う「精神的」という言葉は独特のニュアンスを持っている。芥川龍之介の言葉を借用すれば、「悠久なるものの影」とでも言いうるものである。なぜなら、「精神的価値」の背景にある尺度は宇宙大に拡がる空間と無限に続く時間であるから。

アレントに於いて「価値」が重要なことは既に述べた通りである。ところで、その「価値」のヒエラルキー、あるいはピラミッドの頂点が向かうのは何かといえば、「神的なもの」なのである。彼女は人間とは、自らを神的な性格を持つものとして立証しようと努力する生きものである、と考えている。(20)

ここで、「精神的価値」として重要となる観念が「永遠」と「不死」である。アレントは「観照的生活」と「活動的生活」は人間の中心的関心が全く異なるとしており、それぞれを「永遠」と「不死」に対応させる。(21) さてこれを比喩を用いて説明しよう。神のもとに「永遠」と「不死」という二つの太陽が輝いているとする。一方大自然の中に「人間」という土壌があり、そこに二つの植木鉢が埋めこまれている。外向性（対外界）を持つ方の植木鉢は、「不死」の太陽の方に向けてするすると芽をのばし、下から順に「労働」「仕事」「活動」という三枚の葉がついている。一方、内向性（対精神）を持つ植木鉢からも「永遠」の太陽に向けてするすると芽がのびた。そして「活動」よりやや高い位置に一枚の葉がついた。これが「観照」である。双方とも神に向かって生長しつつ異なった二つの太陽を目指しているのである。

だがアレント政治哲学で殊に重要なのは「永遠」ではなく「不死」である。彼女は「死の下の平等」という耳なれぬ言葉を使う。そして「政治」と「死」との結びつきを述べるとき、彼女の独創性は頂点に達する。例えば、「すべての平等化要因の中で、死はもっとも強力なものと思われる。（中略）人間が行ないやことばにおいて不滅の名声を追求したのは死の確実性のためであり、不滅の可能性を持った政治団体を作る気になったのも同じ死の確かさからであった。したがって政治は死における平等を逃がれ、ある程度の不死を保証してくれる名声を確保する手段であった。(22)」とある。彼女は不死の宇宙に於いて人間だけが唯一の死すべきものであると考えており、その不安や負い目を――かりにラスウェルの用語を用いれば――「補完」するために「公的領域」で自由に活動し、栄光や名誉を手に入れて不死になろうとするのだというのである。

ここで、なぜ人間だけが「死すべきもの」なのかということの説明が要ろう。つまり、人間以外の他の生物は、同種の他のものと同質あるいは代替可能な点で同じであり、それらは生殖を通じて同じものがつながっていくから「不死」なのである。ところが人間は、過去、現在、未来のどの時代に生きる他人とも異質であり、各人が異質であるという事実にのみ共通点を持ち同じなのである。(23) その上その異質さは生殖という行為では埋め合わせがきかないので、人間は不死の宇宙の中で唯一の死すべき存在となっている。だからこそ人間は不死の偉業や不朽の痕跡を残しうる能力によって、可死の存在であるにもかかわらず不死性を獲得しようと努力するのである。

だがこの考えはアレントが思っていたような特殊ギリシア的な考えではないのである。「ギリシャは東洋の永遠の敵である。(24)」とは芥川の言葉だが、不死性を求める人間の営為は東洋にもあったのである。試みに頼山陽十三歳の作と伝えられる漢詩を引いてみよう。

十有三春秋　　十有三春秋
逝者已如水　　逝ク者ハ水ノ如シ
天地無始終　　天地　始終ナク

人生有生死　　人生　生死アリ
安得類古人　　安《イヅクン》ゾ古人ニ類シテ
千歳列青史　　千歳青史ニ列スルヲ得ン(25)

時間に於いても空間に於いても無限の宇宙にある人間の生死。だがそこで、努力によって歴史に名を連ねようとする人間の姿。頼山陽の詠んだ漢詩の世界はアレントの描いたギリシア人の姿を思わせる。しかもアレントが「活動は…歴史の条件を作り出す。(26)」というのを聞き及ぶとわが耳を疑うほどである。

不死への願いはある程度の普遍性を持つこと、そしてそれは政治の場に転化されうる可能性があること、いいかえれば、生きがいではなく死にがいを政治が与えうることは、政治に於ける価値の創設を考案する上で、われわれに一つの道標を与えるだろう。

右に述べた「不死性」が「活動」に対応するのはいうまでもない。更に「精神的価値」に於いては「仕事」は「耐久性（永続性）」に、「労働」は「可死性」に相当する。前者は、道具を用いてなされる「仕事」の結果産出される生産物の性質に負っている。後者は生物一般の生命の営みと軌を一にしていることからも頷けよう。

このような「政治的価値」と「精神的価値」を合わせた「人的価値」を「価値世界」の正面図として表したのが（図2）である。

以上、アレントの人間把握を人間の行為能力の諸類型と「人的価値」の観点から論じつつ「価値世界」との対応を示した。

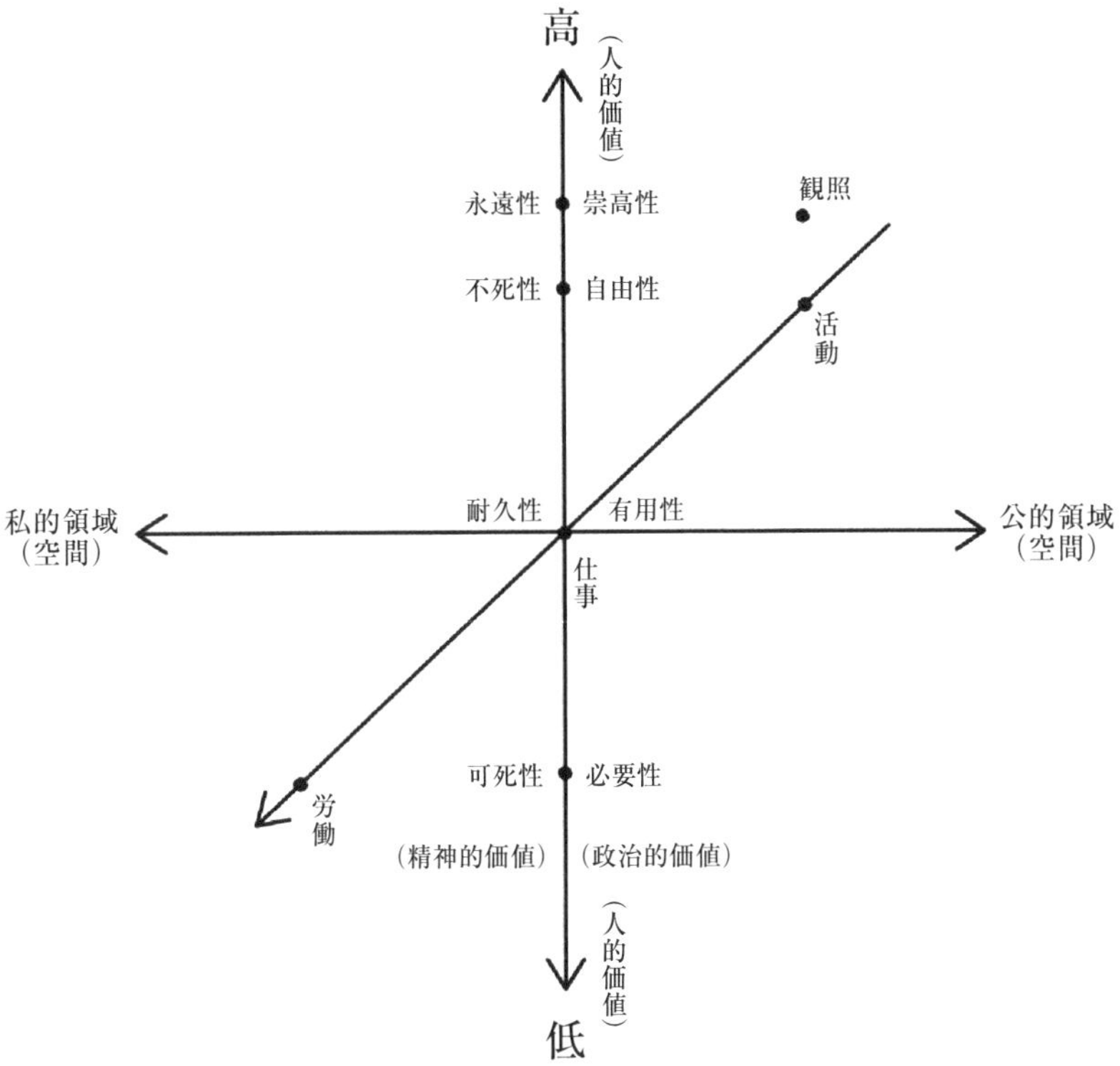
高
（人的価値）
永遠性
崇高性
観照
不死性
自由性
活動
私的領域
（空間）
耐久性
有用性
公的領域
（空間）
仕事
可死性
必要性
労働
（精神的価値）
（政治的価値）
（人的価値）
低

（図２）〔価値世界の正面図〕

（1）H・アレント、高野フミ訳『暴力について』みすず書房、一九七三年、一九七頁.
（2）同右、一九四頁.
（3）同右、一一〇頁.
（4）*The Human Condition*, p.5.
（5）Ibid., p.16.
（6）『歴史の意味』一三三頁.
（7）Ibid., p.20.
（8）Ibid., pp.302-303.
（9）Ibid., p.7.
（10）Ibid., p.7.
（11）Ibid., p.7.
（12）H・アレント、志水速雄訳『文化の危機』（過去と未来の間にⅡ）合同出版、一九七〇年、一四頁.

（13）*On Revolution*, p.232.
（14）バーナード・クリック、田口ほか訳『政治理論と実際の間Ⅰ』みすず書房、一九七四年、八三頁.
（15）アレント、前掲書、六頁.
（16）Op. cit., p.220.
（17）『歴史の意味』八〇頁.
（18）『暴力について』九四頁.
（19）Op. cit., p.112.
（20）*The Human Condition*, p.19.
（21）Ibid., pp.17-18.
（22）前掲書、一四七頁―一四八頁.
（23）Ibid., p.8.
（24）岡潔『岡潔集』第二巻、学研、一九六九年、八六頁.

(25) 渡部昇一『知的生活の方法』講談社現代新書、二〇頁より引用.

(26) Ibid., pp.8-9.

三、空間把握

まず「空間」という言葉を定義しておかなければならないだろう。私が「空間」という言葉を用いる場合、それは「公的領域《ザ・パブリック・レルム》」「私的領域《ザ・プライビット・レルム》」「世俗的領域《ザ・セキュラー・レルム》」「社会的領域《ザ・ソーシャル・レルム》(1)」などの「領域《レルム》」の概念を包括して考えており、積極的な意味に於いてであれ、消極的な意味に於いてであれ、何らかの政治的な力が出現する場を指している。

さて、この「空間」内部の勢力範囲は時間の流れとともにどのような変化をしたのであろうか。(図３）を見ながら説明しよう。古代ギリシアのポリス時代には、人々の「活動」する場であり、政治の舞台である「公的領域」と、生産し、それを消費するという単に生命を維持するための私生活の場であり、家族の領域にあたる「私的領域」とは、はっきりと分かれていた。ところが「公的領域」は時代が下

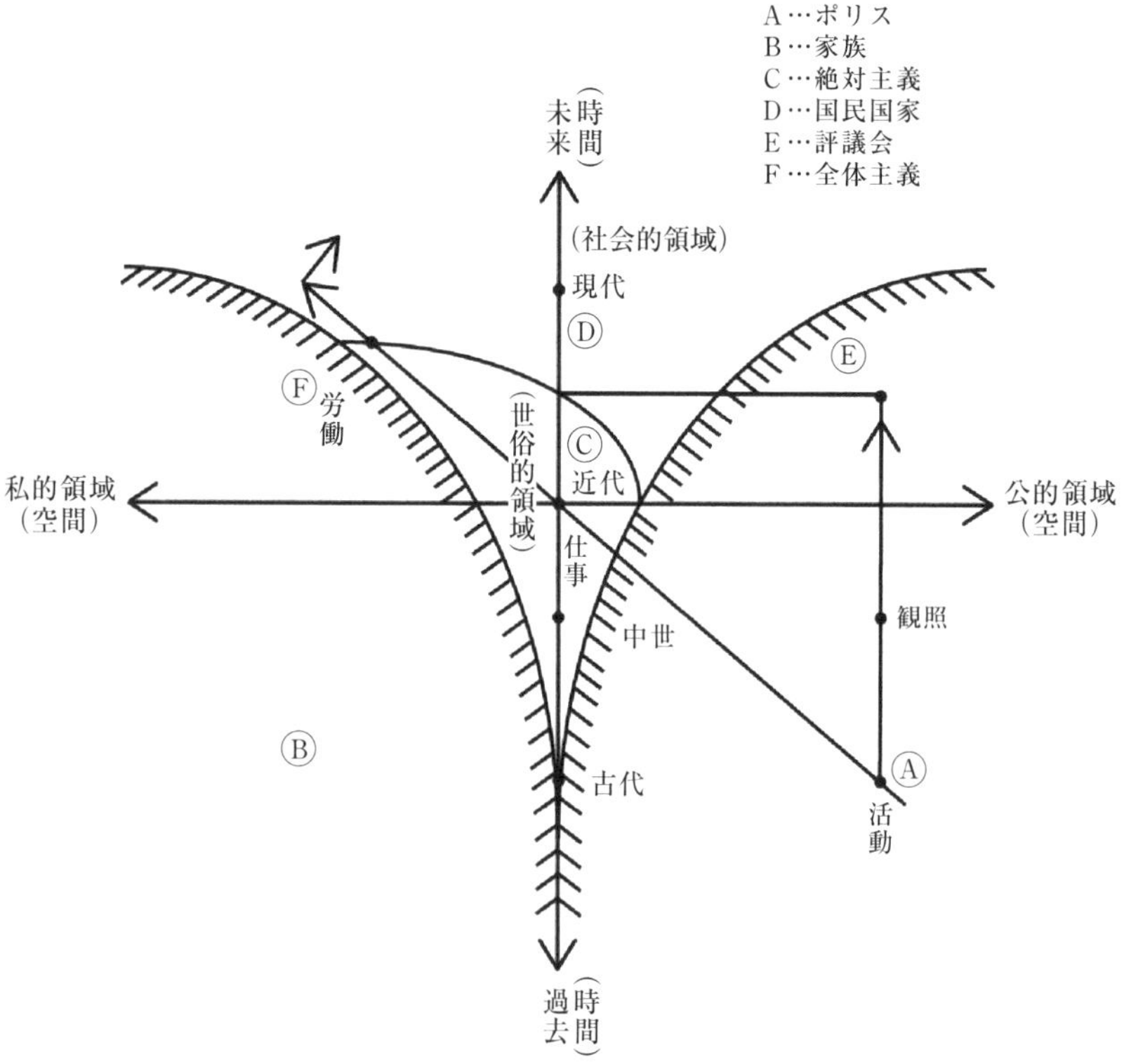
A…ポリス
B…家族
C…絶対主義
D…国民国家
E…評議会
F…全体主義
未来（時間）
（社会的領域）
現代
Ⓓ
Ⓔ
Ⓕ
労働
（世俗的領域）
Ⓒ
近代
私的領域（空間）
公的領域（空間）
仕事
観照
中世
Ⓑ
古代
Ⓐ
活動
過去（時間）

（図３）〔価値世界の平面図〕

るとともに次第に失われ、中世ではわずかに「公的領域」らしき、キリスト教の同胞愛に基づく僧団という共同体があっただけであった。だがこれはとても政治的な領域といいうるものではない。アレントの考えでは近代に入ってのち、「公的領域」をとり戻そうとして行われたのが「革命」であり、そのたびに自然発生的に出現した評議会の制度が古代のポリスに対応するのである。けれども周知の通り評議会はいずれも短期で消滅している。そして今や「公的領域」は見るかげもなくなり、一部政治家の独擅場《どくせんじょう》と化してしまっている。アレントの現代世界《モダン・ワールド》に対する深い危機意識がここに根ざしているのは言うまでもない。

一方、「私的領域」の方はむしろ成長の気運を見せ、中世では宗教界が「公的領域」とは言い切れないのに対し、「世俗的領域」は完全に「私的領域」に対応していた。だが近代後半に至ると厳密な意味での「私的領域」も次第に影をひそめ、「公的領域」と「私的領域」が互いに浸透しあうようになり、間に雑種的な「社会的領域」が現れた。本来、家族の領域で行われていた財政的なことがらや管理が、国家に担われはじめたため、近・現代の国家はほぼ「社会的領域」に属するようになる。アレント自身の言葉によれば、「官僚制度とはすべての人が政治的自由や行動の権利を奪われる政府の形態である。」(2)から、官僚制の導入によって、「活動」の場である「公的領域」は致命的な打撃を受けたことになる。アレントが大衆社会を耐えがたいものと感じる背景にはこのような歴史の流れがあるのであり、いまや人々を結びつけると同時に分離させていたかつての「共通世界」がその力を失ったからにほかならない。

しかし、アレントの「空間把握」については重大な問題点があることを私は指摘しておきたい。それは「世俗的領域」と「社会的領域」という言葉の使い分けである。ここにアレントらしからぬ一面がのぞいている。つまり厳密な定義を欠いており、ときには同義語であるかのような使い方がされているのである。ともに近代以後勃興した、といった記述が散見され、誤解を生む原因ともなりかねない。そこで、相違点を整理して箇条書きにすると次のようになる。

①中世には「世俗的領域」が存在したが、「社会的領域」は欠如していた。(3)

②「世俗的領域」は、ほぼ「私的領域」に対応するが、「社会的領域」は厳密に言うと私的なものでも公的なものでもない。

③新しい「世俗的領域」出現の最初の段階は宗教改革ではなく絶対主義の勃興であり、この領域の存在が革命を起こす決定的原因となったのに対し、「社会的領域」は起源が近代の始まりと同じであるが、その政治形態は国民国家に見られ、今日なお拡がっている。

④「世俗的領域」という言葉は、専《もっぱ》ら宗教から政治が分離するという世俗化という観点から捉えられているのに対し、「社会的領域」は、本来公的なものである政治の領域に、私的なものである家族の領域にあった考え方が混入したという観点から考えられている。

この四つが両者を区別する場合のメルクマールとなろう。

以上、「価値世界」内部の「空間」の変遷について述べたが、ここにいま一つ、アレント批判の眼目となる点があることを最後に指摘すべきであろう。それは、彼女が古代ギリシア社会内部の「公的領域」、「私的領域」の区別をいつのまにか欧米諸国全域にまで拡大してしまったことである。ポリス時代には「公的領域」と「私的領域」が厳然としてあったと彼女はいうが、ではギリシア以外の国は当時どうだったのだろうか。その点を見落として、ギリシアのポリス国家没落以後に視野をヨーロッパ大に拡げて、「公的領域」が失われたと嘆くのはあたっていないのではないだろうか。これが私の疑問の一つとなっている。

（1）必ずしも「社会的領域」といった言い方をしてはおらず、「社会的なもの」とか「社会」とも言っている。他も同じ。

（2）『暴力について』一五九頁。

（3）*The Human Condition*, p.35.

さて次に、「空間」が政治とどのように係わっているのかを検討したい。つまり、ここでは「空間」の内部にどのような「政治的力」が出現するのかということが考察の中心となる。私がここで「政治的力」というとき、アレントが用いる四種類の言葉を包括している。即ち、「権力《パワー》」・「権威《オーソリティ》」・「暴力《バイオレンス》（物理的力《フォース》）」・「体力《ストレングス》（肉体的力）」がそれである。

アレントはこの四種類の言葉をはっきりと使い分けている。例えば、「権力と暴力とがちがうように権力と権威も別物である。」[1]と明確に述べている。アレントの考えでは、「権力」と「権威」、「暴力」と「体力（腕力）」はそれぞれ比較的近い関係にあり、政治現象としては多分に共通項を持っている。例えば、「権力」と「権威」が政府を支えていると考えるわけである。この考え方自体は特別なものとは言えないが、言葉の指している概念が特異なのである。（図4参照）

ここで特に重要なのは「権力」と「暴力」の関係である。アレントは言う。「政治の次元で語る時、暴力と権力とは同一ではないというだけでは不充分である。権

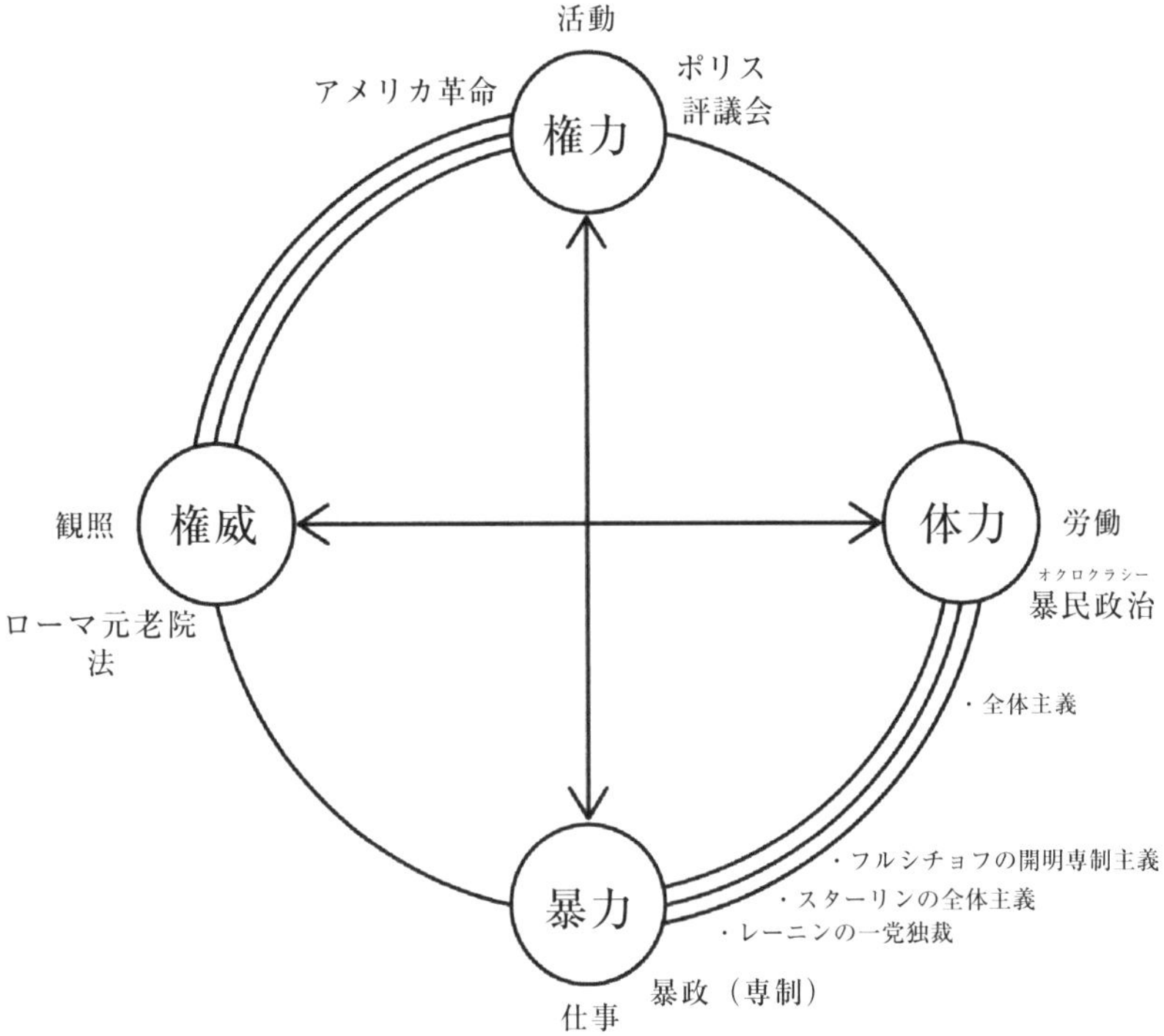

（図４）〔政治的力の相互関係〕

力と暴力とは対立するものである。一方が完全に支配するところにはもう一方は存在しない。…暴力は権力を破壊することはできるが、権力を生み出すことは絶対にできない。」[(2)]と。この引用部分が彼女の驚くべき論文『暴力について』の要旨ともなっている。では「暴力」と対立する「権力」とは一体何なのだろうか。ここにまた「活動」が登場するのである。つまり、人と人とが相互に「活動」する場で、人々を結びつけることによって生ずるのが「権力」なのである。（図５参照）そして人々が約束をなし、約束を守ることによって「権力」は支えられるのである。このような「権力」観を是とするならば、「権力」と「暴力」とが対立するのは当然であろう。アレントにとって「権力」とは人民の「草の根」から生ずるものであり、それを抑圧する、所謂「国家権力」なるものは、「暴力」にほかならないのである。それゆえ、「政治権力を『暴力の組織化』と同一視することは、国家を支配階級の掌中にある抑圧の道具とみなすマルクスの国家観を肯定する場合にのみ意味をなす」[(3)]のである。ここで、道具を手段として目的を遂げようとする「暴力」の姿は、人間

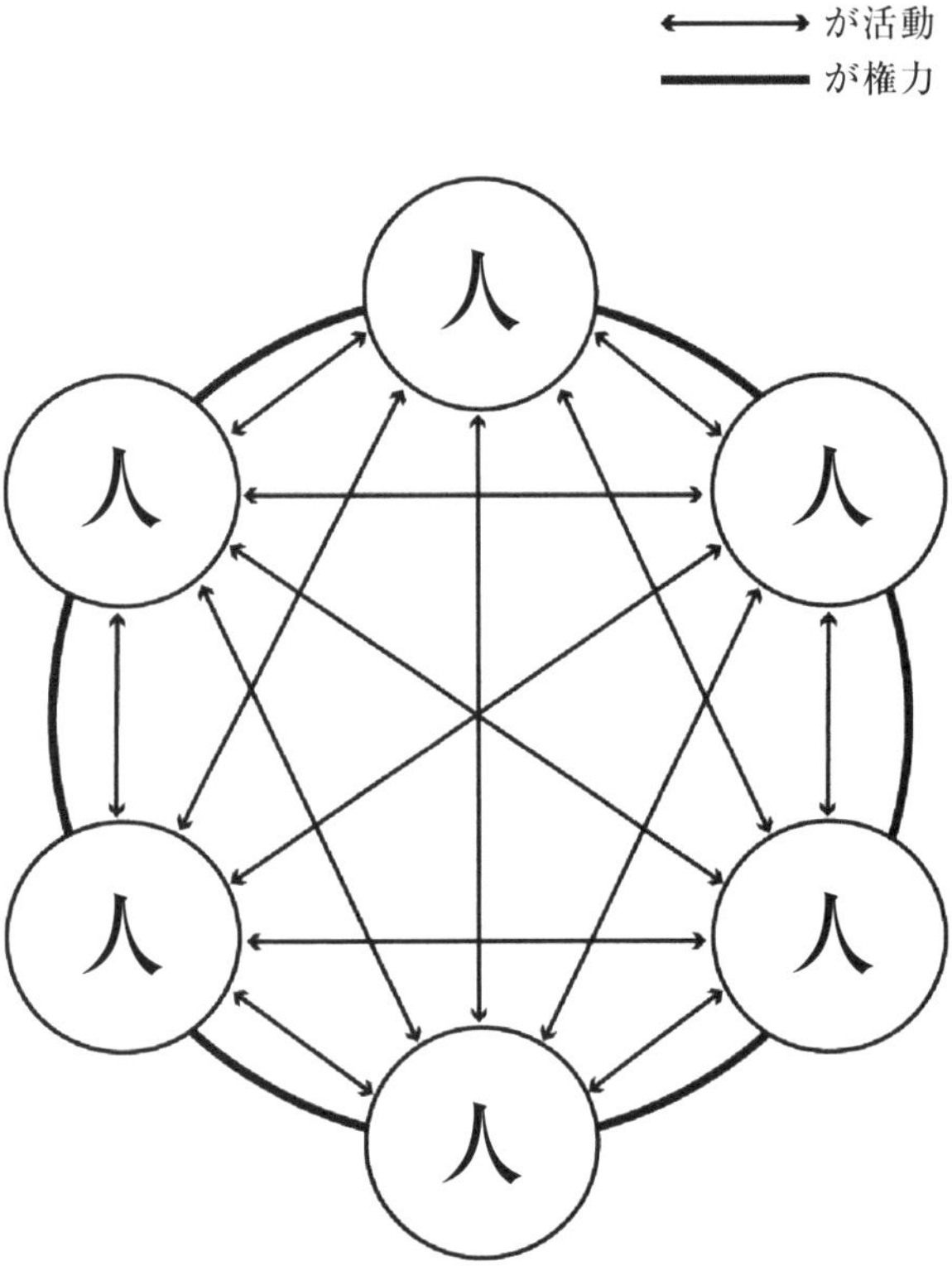

（図５）〔活動と権力〕

の持つ基本的行為能力のうちの「仕事」に対応する。

他方、「権威」と「体力」についてはどうであろうか。第一に、アレントにとって「権威《オーソリティ》」とは、死すべきものである人間が不死性を求めて構築する政治体に対し、永遠性を保証するものである。ここで必要となる人間の行為能力は「観照」である。事実、古代に於いても、「権威概念」とは「ポリスの堕落を防ぎ、哲学者の生命を救うはずの」ものだったからである。(4) 第二に、「体力《ストレングス》」とは、万人から切り離された場合にでも、個々の人々が所持している天賦の能力である。(5) この能力とは、すべての生物に共通するものであり、自らの生命をつなぐための働きを持つ。即ち、これが「労働」に対応するのは自明のこととなる。

右のように、四つの「政治的力」がおのおのどの行為能力と係わりあうかを明らかにしたが、それらは政治形態としてどのように現れるのであろうか。

第一に、「活動」の能力を基礎とする「権力」は「ポリス」や評議会に見られ、アメリカ革命の目指したのもこの「権力」出現の空間の創設であった。そして「権力」出現の場に見られる「政治的価値」は「自由」にほかならず、「自由」に「活動」を行いうる点に於いてのみ人々は「平等」なのだとアレントは考えたのである。ちなみにアレントが「平等」を語るとき、それは政治参加に於ける平等にほかならないのである。

第二に、「観照」能力を基礎とする「権威」はローマの元老院や法による秩序として現れた。「崇高さ」を持つ「権威」なくしては、いかなる政治体も永続することはできないのであり、人間は地上に住家を失ってしまうのである。

第三に、「仕事」の能力を基礎とする「暴力」は暴政《タイラニー》（専制）として歴史にその姿を現した。暴政は人々が「自由」に「活動」する空間を奪った。

第四に、「労働」の能力を基礎とする「体力《ストレングス》」は暴民政治《オクロクラシー》（or mob rule）の形をとった。大衆の中で孤立した個々人、「労働」を不当に評価し過ぎ、「活動」による「自由」が失われてしまった社会、このような背景があったからこそ全体主義的支配が現れたのだとアレントは考えている。(6)

以上四分類した政治形態のうち、「権力」「権威」によるものは「公的領域」に、「暴力」「体力」によるものは「私的領域」にそれぞれ現れたものであるのはいうまでもない。

（1）*On Revolution*, p.179.
（2）『暴力について』一三八頁.
（3）同右、一一九頁.
（4）『歴史の意味』一五〇頁.
（5）Ibid., p.175.
（6）H. Arendt, *Totalitarianism : Part Three of The Origins of Totalitarianism*, pp.172-173.（A Harvest Book, 1968.）

四、歴史把握

「われわれの遺産は遺書なしに残されたものである」とシャールは言ったという。(1)過去と未来のはざまで混迷するこの現代、われわれの選択すべき原理は一体何であろうか。われわれの未来を照らすべき光は、もはや失われてしまったのだろうか。未来への遺産を捜し求めて、歴史の研究に分け入った人々の例は数知れぬという。歴史研究家たちが、遺産につけた遺書が、あるときは「進歩史観」となり、あるときは「発展段階説」となり、トインビーの「文明の衰亡の循環史観」ともなったのであろう。

ここでわれわれはH・アレント女史がどんな遺書——彼女は近年亡くなられたのだが——を残したのかを知る必要があろう。いいかえれば、アレントの「歴史把握」についての考察をしなければならない。

最初に、結論めいた言い方をすれば、アレントの歴史観は、いわば「歯車型歴史観」だと私は考える。古代・中世・近代と三つに区切られた「過去」という巨大な歯車と、「未来」というこれまた巨大な歯車の間で、「現代」という小さな歯車が橋渡しをしている。そして歯車のかみ合うところが「はじまり」である。

ここで「はじまり」について簡単に述べておこう。それは人間の「出生」を意味すると同時に、新しい生命によって新しい時代が創られるという「はじまり」をも意味する。それゆえ「出生」という単純な事実が、政治に於ける最大の「人間の条件《ザ・ヒューマン・コンディション》」となりうるのである。アレントが現代社会の行く末を深く憂慮しつつも完全に望みを捨てていないのは、「出生」が続くかぎり、「はじまり」が期待できると考えているからである。彼女の恩師カール・ヤスパースが「私の知っている人々の間では最も輝やかしい、最も直観的なそして最も多面的な分析を与えた」(2)と激賞してやまないアレントの大著『全体主義の起源』の末尾でも、彼女がこの「はじまり」に言及している事実は興味深い。(3)なぜなら、「全体主義支配こそ、西洋史の連続性を打ち破っている」(4)と彼女は考えていたからである。

ところで、この「西洋史の連続性」とは何だろうか。またアレントのいう「伝統」とは何なのだろうか。あるいは、前述した、「過去の巨大な歯車」とは一体何だったのだろうか。その点を以下検討してみたい。

アレントの歴史把握に於いてやはり重要なのは、「観照」「活動」「仕事」「労働」の四つの行為能力である。これらが、「価値世界」内部の他の構成要素をなす「政治的力」や「政治形態」とどのように対応をなすのかは、「空間把握」の章で述べた通りだが、実際、アレントの歴史観はこの四つの能力が引き起こす現象として捉えられている。(5)プラトンやアリストテレスから始まってマルクスに終わるとされる伝統の中でこの四つの行為能力のヒエラルキーがどう変わってきたかを図解したのが(図6)である。

まず、〔A〕の段階では歴史の上層に出てきたのは、自由人がポリスで政治を行うこと、即ち「活動」であった。「活動」する一員となること、つまり政治に参加するかぎりに於いて人々は自由となり、平等となったのである。そして「活動」の結果受ける名誉や栄光、またなし遂げた不朽の偉業によって、本来「死すべきもの」である人間が、不死の宇宙に住むための「不死性」を獲得できるものとされたのである。この時代「労働」は低い評価しかうけておらず、「仕事」や「観照」はまだ十分には姿を現していなかった。

ところが、〔B〕の段階に至り、ソクラテス裁判直後、ソクラテス学派とポリス社会との不和が起き、この頃、政治の場に於ける「活動」に十分対抗できる価値を持つ「観照」が哲学者たちの生活様式の中に見い出された。この哲学者たちによる「観照的生活」も同じく「公的領域」に属したものと考えられる。(6)

〔C〕の段階では完全に「活動」と「観照」が転倒された。この理由をアレントは次の二点に求める。①ローマ帝国の没落によって、人間の手による不死なる政治体がありえないことが判明したこと。②個体の永遠の生命を説くキリスト教が排他的な地位を持つことによって、不死への努力そのものが無意味になったこと。(7)

於ける生活様式の表見的「転倒と循環」〕

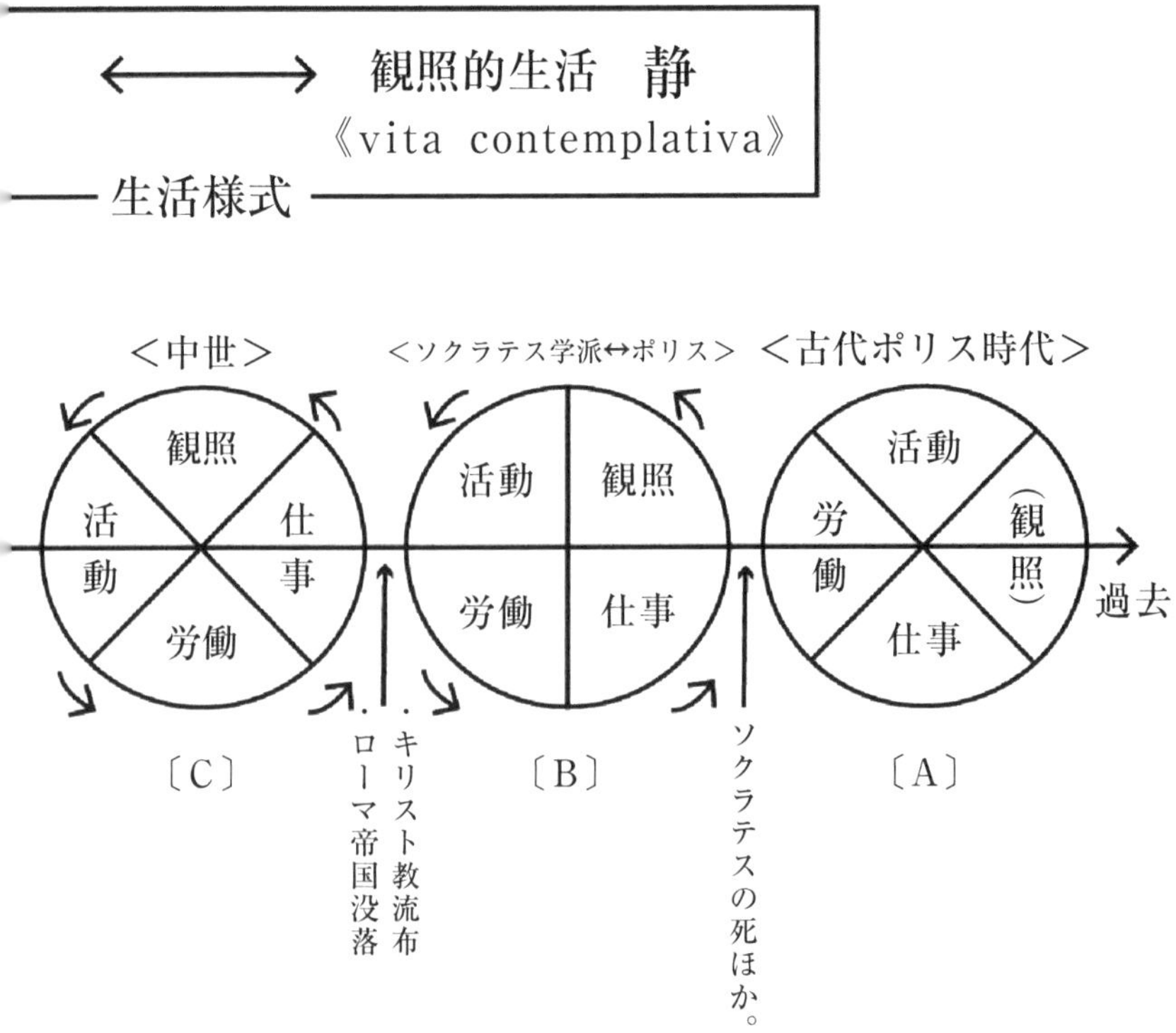

（図６）〔H・アレントに

動　活動的生活
《vita activa》

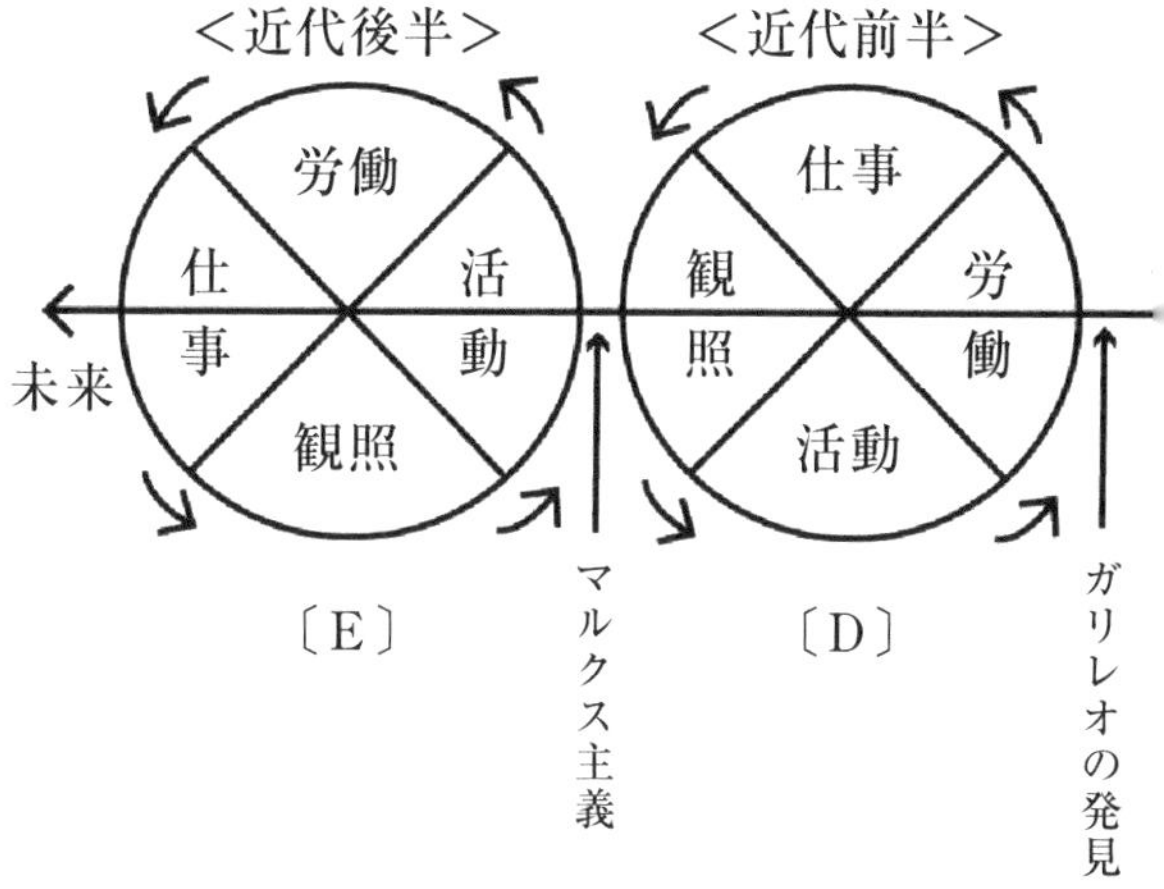

（注）この循環からして、現代は「活動」の時代となるはず。

かくして「活動的生活」は完全に「観照」の下女となり、中世に歴史の上層を形造るのは「観照」となった。

だがさらに近代に入ると行為（活動力）と「観照」の転倒が起きた。これはガリレオの望遠鏡による発見に象徴されるものであり、真理は「観照」によっては得られるものではなく〈工作人〉（homo faber）の手による「仕事」の産物たる人工の器具によって得られるものとなった。これは〔A〕の段階では「不死性」、〔C〕の段階では「永遠性」であった「精神的価値」が〔D〕の段階では「耐久性」に移っていることを意味し、「政治的価値」では「自由性」が「崇高性」↓「有用性」にそれぞれ変わっていることを示す。だが近代では比較的早い時期に「活動的生活」内部の転倒が起き、「仕事」に「労働」がとってかわる。これが〔E〕の段階である。ここでの「精神的価値」は、かつての「可死性」に相当する生命そのものの尊厳である。そして「政治的価値」としては「必要性」があたる。

ところで、なぜこんなに早く「仕事」と「労働」の転倒が起きたのだろうか。アレントの考えを要約すれば、原因として、まず第一に、ロック→アダム・スミス→マルクスと続いた労働評価の上昇があげられる。第二には、キリスト教による「生命」と「世界」の永遠性についての転倒以来、生命の尊厳という考えが流れ続けており、それが「観照」の没落によって表面化したことがあげられる。以上で既に分かるように、アレントの把握では、歴史の運動法則は「転倒と循環」なのである。この「転倒と循環」がアレントの歴史把握に於ける特質であり、非常に重要である。

しかし、これはまだ、アレントの「歴史把握」を認識する第一歩である。なぜならば（図６）で示したのはアレントが考えた表見的「転倒と循環」でこそあれ、実質的「転倒と循環」ではないのである。しかも、アレント自身がその説明に混乱をきたしているのである。混乱というよりむしろ矛盾と言ってもよい。『人間の条件』という著書に於いて、当初アレントは「観照的生活」と「活動的生活」では中心的な関心がちがうのだと述べ、(8)本書では「活動的生活」内部のヒエラルキーの推移を明らかにしようとしたのだとしながら、中世を語るに際し、「転倒」の考え方の中に「観照」を持ち込んでいるのが第一点である。第二点は、近代に入ってから「観照」の概念を空中分解させてしまったことである。即ち、彼女は近代に入り十七世紀に「転倒」されたのは「思考」と「行為」の関係のみにかかわっており、以後「思考」は「行為」の下女となった、また真理を眺めるという意味での「観照」は取り除かれたという。(9)では、私はアレントに問いたい。「思考」が「行為」の下女となり、古代の意味での「観照」がなくなったというのならば、「仕事」を転倒させ「労働」をもたらした原因をロックやアダム・スミスやマルクスに担わせている点、また伝統的な枠組みそのものは変わっていないという自説、この二つをどう説明するつもりなのだろうか。また、近代についての説明の中での「観照《コンテンプレイション》と活動《アクション》の転倒《リヴァーサル》」などという安易な標題のつけ方をどう説明するつもりなのだろうか。(10)

要するに、アレントの言わんとすることは分かるのだが、表現や論の進め方に不備があるのである。これが、本書が難解とされる理由の裏の意味かもしれない。

そこでこの矛盾を克服するために、実質的「転倒と循環」を表そうとして考案したのが（図7）である。この図では「観照」「活動」「仕事」「労働」の四つを半径のちがう1／4の円で表してある。この半径にあたるのが「人的価値」の尺度なのである。一方、歴史の上層に現れてくる選好の度合いをはかる尺度として、「現実的価値の座標軸」（このために今まで「価値の座標軸」と呼ばず「人的価値の座標軸」と呼んでいたのであるが。）を横の座標軸である過去―未来の「時間の座標軸」と直角に交わるようにとってある。するとこの円盤の回転によって「現実的価値」は正しく「転倒」するのだが、「人的価値」のヒエラルキーの方は少しも「転倒」しないのである。アレントが言わんとしている「転倒と循環」による歴史の運動法則は（図7）で表されるようなものだとほぼ考えてよかろうと思われる。

だが、これはまだアレントの「歴史把握」を認識するための第二歩にすぎない。即ち（図7）に於いてもまだ矛盾が残っているのである。それというのも、アレントが「観照的生活」と「活動的生活」は中心的関心が違うといっている以上、同一の円盤の同心円の内部に「観照」があるとするのは少し無理なのである。けれども、

生活様式の実質的「転倒と循環」〕

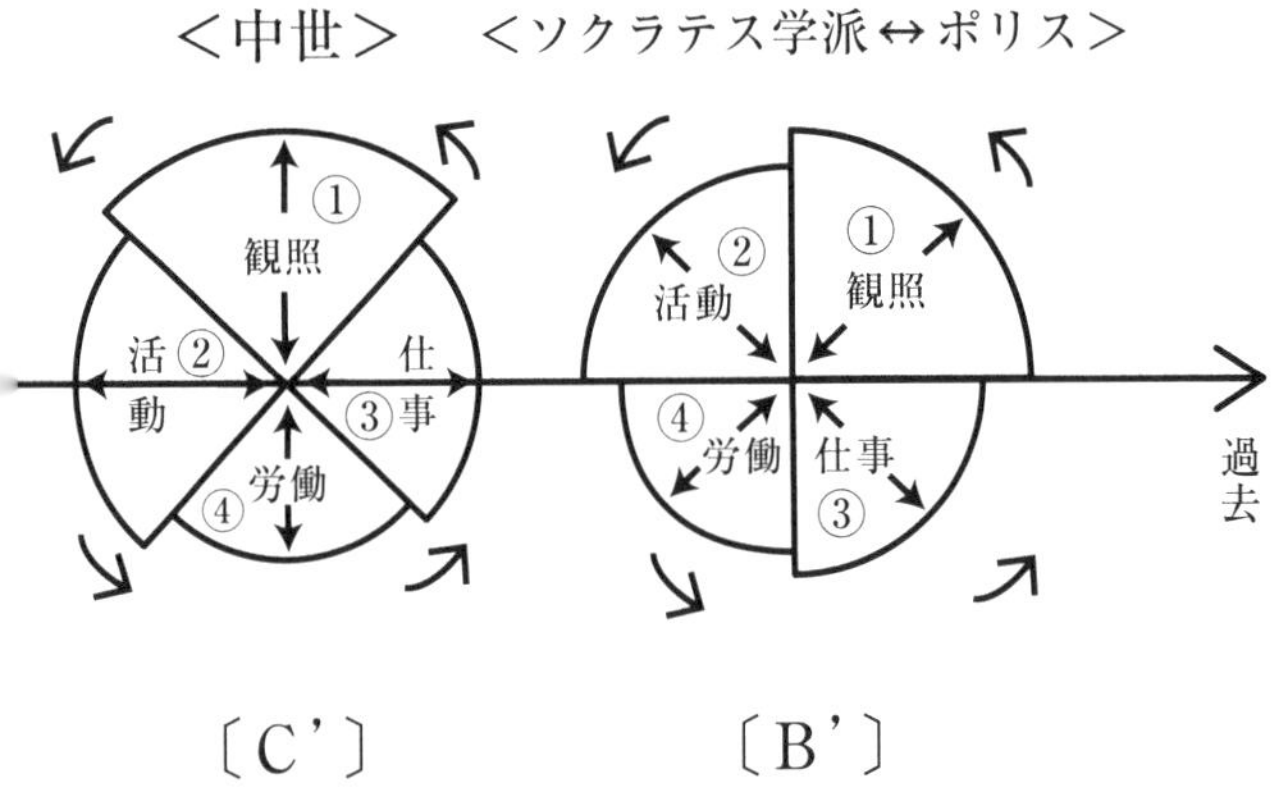

(図7)〔H・アレントに於ける

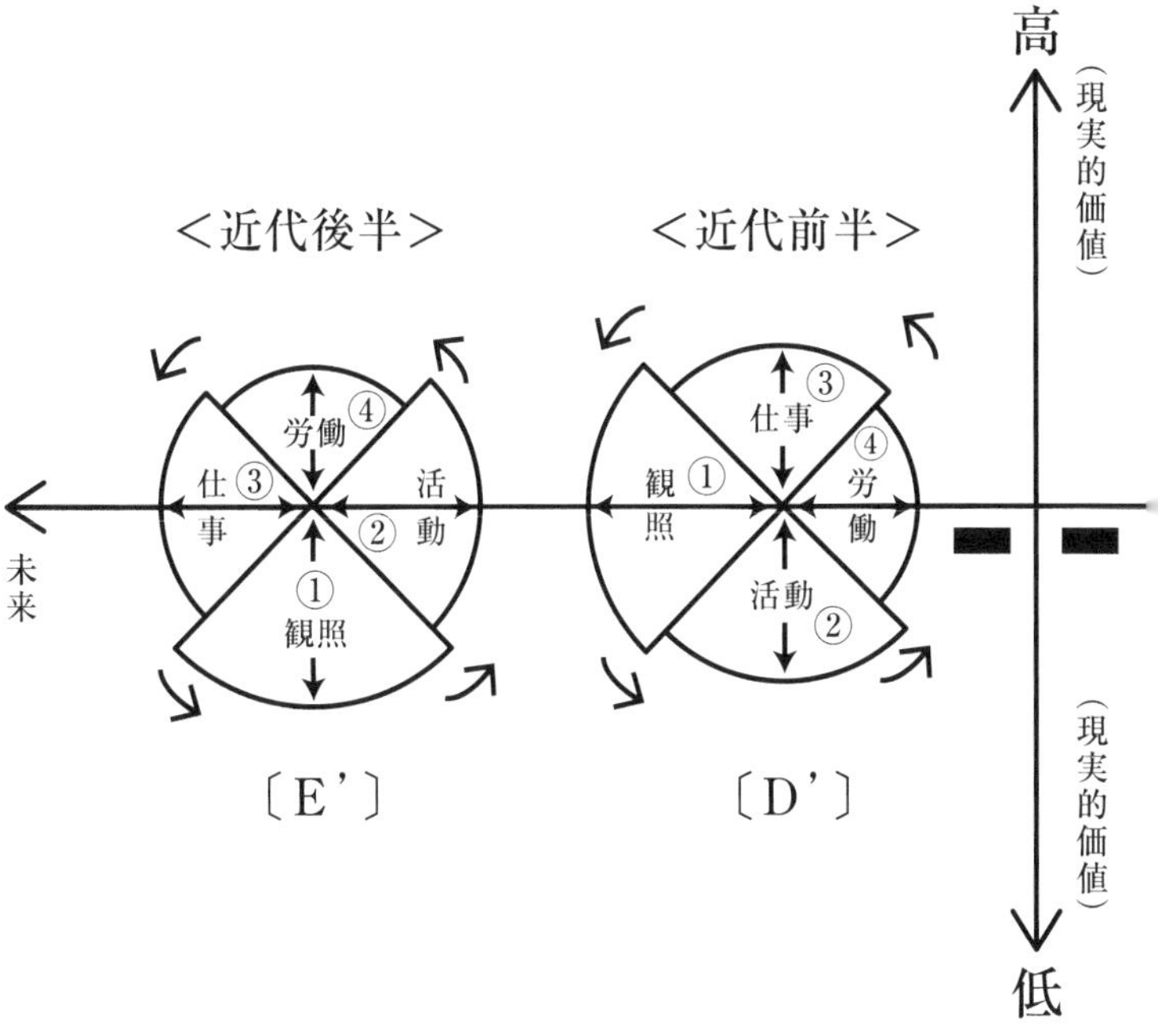

(注)　・ ←→
は「人的価値」の尺度(半径の長さ)
①〜④のヒエラルキーは変わらなかった。
・だが「現実的価値」は次々に転倒した。
・転倒を起こすインパクトは(図6)に同じ。

同一円盤上にないにもかかわらず「転倒」があったと考えると、アレントがおかしたような矛盾に再び陥ってしまうのである。

いよいよ第三歩である。ここで再び（図1）にかえってみよう。この図で私は「観照」をポリス時代後半に始まり、十七世紀ごろに消える線分として表し、一方、三つの活動力については過去から未来に向けて延び、現代に入って屈曲し、「公的領域」と「人的価値」の高みへと向かう（この部分はアレントの期待を示している）直線として描いてある。この二者を隔てる空間こそが、アレントの言う中心的関心の相違を表現しているのである。ここで「価値世界」の側面図を示す（図8）を掲げる。この図に於いて「観照的生活」と「活動的生活」がそれぞれ描いた軌跡が重要である。価値としての「観照」が見つかる以前には「活動」が唯一の価値の高みにあったが、やがて「観照」にとってかわられ、「活動的生活」内部のエネルギーは次の「仕事」に移る。「仕事」は「観照」が立ち消えになると価値の高みに立つ。だがエネルギーが次の「労働」に移ると、「労働」が最終的な価値を持つも

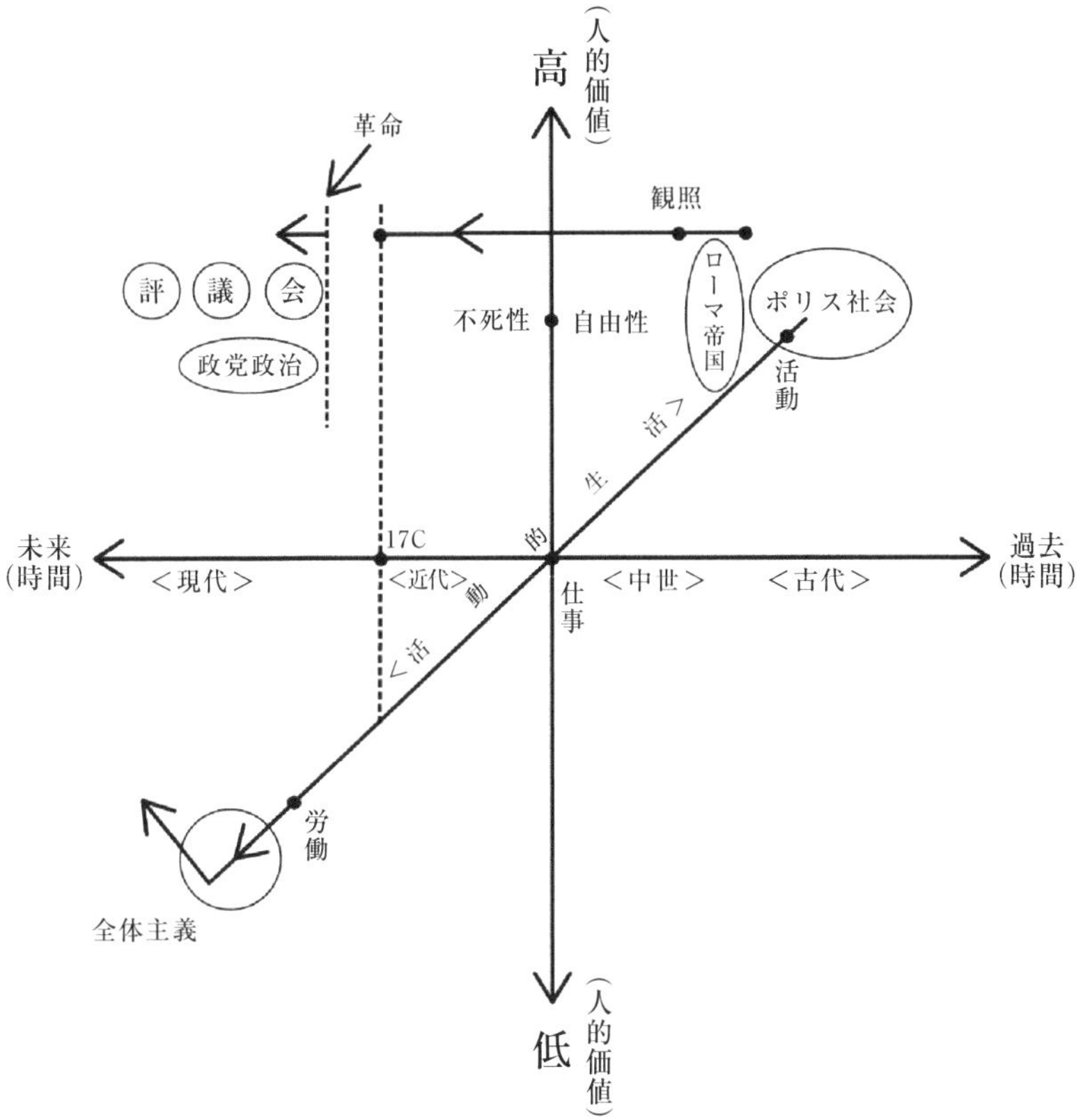

高（人的価値）
低（人的価値）
未来（時間）
過去（時間）
革命
観照
評 議 会
政党政治
不死性
自由性
ローマ帝国
ポリス社会
活動
＜活動的生活＞
17C
＜現代＞
＜近代＞
＜中世＞
＜古代＞
仕事
労働
全体主義

（図８）〔価値世界の側面図〕

のとして現れてくる。こうして古代から近代に至る歴史がひと通り完結するのである。現代に入って後の、「活動的生活」を表す直線の屈曲は、「われわれが生活するに至ったこの世界においては、人間を活動の能力をもつ存在と規定することがふさわしいだろう。[11]」という、彼女自身の言葉に基づく。

最後に、(図8)の近代後半以後に起こった革命であるが、アレントは革命の目的を自由の創設に求めようとしている。なぜならば、かつてのポリスの「活動」の場をとり戻すために、新しい歯車を廻そうとするところにこそ革命の存在理由があると、彼女は考えているからである。そして革命ごとに発生した評議会制度の中に、未来の政治のあるべき姿を求めようとしている。彼女の遺言はこの辺に眠っているのかもしれない。

(1)『歴史の意味』九頁—一〇頁.

(2)カール・ヤスパース、斎藤武雄訳『真理・自由・平和』(ヤスパース選集21)理想社、一九七六年、一〇一頁.

(3) *Totalitarianism*, p.177.

(4)『歴史の意味』三五頁.

(5) 同右、一一三頁.

(6) Arendt, *Men in Dark Times*, p.77. (a Pelican Book, 1973.)

(7) *The Human Condition*, p.21.

(8) Ibid., p.17.

(9) Ibid., p.291-292.

(10) Ibid., p.289.

(11) 前掲書、八〇頁.

あとがき

正確にいえば、本書は、「大川隆法の政治哲学の源流」と題されるべきだろう。宗教思想については、別途、学んだものがあり、経済や経営についても、私は独学した。

ただ本書を読めば、私の政治活動や政治的発言の原点が分かるだろう。宗教家が政治活動を目指すと、一般に全体主義化すると考えられがちだが、私の場合は逆である。

青春の日にアレントに接することで、当時のソ連邦と中国の未来と、日本の政治のあるべき姿を見通すことができたのだ。

第3章の論文は、原文に少しも加筆せず掲載した。東大教授や法学部生が難解だと評したものの実物である。
この秋、公開の『夜明けを信じて。』の映画の一エピソードとしても出てくる。あれから、四十数年の歳月が過ぎた。少しも賢くならない私を、アレントの霊よ、許したまえ。

二〇二〇年　六月二十四日

幸福《こうふく》の科学《かがく》グループ創始者兼総裁《そうししゃけんそうさい》
幸福実現党創立者兼総裁《こうふくじつげんとうそうりつしゃけんそうさい》　大川隆法《おおかわりゅうほう》

『大川隆法　思想の源流』関連書籍

『太陽の法』（大川隆法 著　幸福の科学出版刊）
『黄金の法』（同右）
『永遠の法』（同右）
『鋼鉄の法』（同右）
『自由・民主・信仰の世界』（同右）
『ハンナ・アーレント　スピリチュアル講義「幸福の革命」について』（同右）

大川隆法《おおかわりゅうほう》 思想《しそう》の源流《げんりゅう》
―ハンナ・アレントと「自由の創設」―

2020年7月7日　初版第1刷

著　者　大《おお》川《かわ》隆《りゅう》法《ほう》

発行所　幸福の科学出版株式会社
〒107-0052 東京都港区赤坂2丁目10番8号
TEL(03)5573-7700
https://www.irhpress.co.jp/

印刷・製本　株式会社 堀内印刷所

落丁・乱丁本はおとりかえいたします
©Ryuho Okawa 2020. Printed in Japan. 検印省略
ISBN978-4-8233-0194-0 C1010
カバー IgorZh/Shutterstock.com
装丁・イラスト・写真(上記・パブリックドメインを除く)©幸福の科学

大川隆法ベストセラーズ・政治思想の本質を探る

政治哲学の原点

「自由の創設」を目指して

政治は何のためにあるのか。真の「自由」、真の「平等」とは何か──。全体主義を防ぎ、国家を繁栄に導く「新たな政治哲学」が、ここに示される。

1,500円

ハンナ・アーレント スピリチュアル講義 「幸福の革命」について

英語霊言 英日対訳

全体主義をくつがえす「愛」と「自由」の政治哲学とは？ かつてナチズムと戦った哲学者ハンナ・アーレントが、日本と世界の進むべき方向を指し示す。

1,400円

マックス・ウェーバー 「職業としての学問」「職業としての政治」を語る

宗教と社会の関係を論じた大学者は、現代の学問や政治を、どう考えるのか？ 創始者本人が語る「社会学」の全体像とその真意。

1,500円

平和学入門 元東大名誉教授・篠原一 次代へのメッセージ

「米ソ冷戦」から「中国台頭」の時代に移った今、政治理論はどうあるべきか。討議型デモクラシーはなぜ限界なのか。政治学の権威が"最終講義"。

1,400円

※表示価格は本体価格（税別）です。

大川隆法 霊言シリーズ・全体主義と自由をめぐって

超訳霊言
ハイデガー「今」を語る
第二のヒトラーは出現するか

全体主義の危険性とは何か？ 激変する世界情勢のなかで日本が進むべき未来とは？ 難解なハイデガー哲学の真髄を、本人が分かりやすく解説！

1,400 円

ヒトラー的視点から検証する
世界で最も危険な
独裁者の見分け方

世界の指導者たちのなかに「第二のヒトラー」は存在するのか？ その危険度をヒトラーの霊を通じて検証し、国際情勢をリアリスティックに分析。

1,400 円

ハイエク
「新・隷属への道」
「自由の哲学」を考える

消費増税、アベノミクス、中国の覇権主義についてハイエクに問う。20 世紀を代表する自由主義思想の巨人が天上界から「特別講義」！

1,400 円

自由のために、
戦うべきは今
習近平 vs. アグネス・チョウ 守護霊霊言

今、民主化デモを超えた「香港革命」が起きている。アグネス・チョウ氏と習近平氏の守護霊霊言から、「神の正義」を読む。ハンナ・アレントの霊言等も同時収録。

1,400 円

幸福の科学出版

大川隆法ベストセラーズ・**政治のあるべき姿を示す**

新しき繁栄の時代へ

地球にゴールデン・エイジを実現せよ

アメリカとイランの対立、中国と香港・台湾の激突、地球温暖化問題、国家社会主義化する日本──。混沌化する国際情勢のなかで、世界のあるべき姿を示す。

1,500円

自由・民主・信仰の世界

日本と世界の未来ビジョン

国民が幸福であり続けるために──。未来を拓くための視点から、日米台の関係強化や北朝鮮問題、日露平和条約などについて、正論を説いた啓蒙の一冊!

1,500円

愛は憎しみを超えて

中国を民主化させる日本と台湾の使命

中国に台湾の民主主義を広げよ──。この「中台問題」の正論が、第三次世界大戦の勃発をくい止める。台湾と名古屋での講演を収録した著者渾身の一冊。

1,500円

心と政治と宗教

あきらめない、幸福実現への挑戦

大川隆法　大川咲也加　共著

バラマキと増税、マスコミのローカル性、"政教分離教"など、幸福な未来を阻む問題に解決策を示す。政治や宗教に「心」が必要な理由が分かる対談本。

1,500円

※表示価格は本体価格(税別)です。

大川総裁の読書力

知的自己実現メソッド

区立図書館レベルの蔵書、時速2000ページを超える読書スピード――。1300冊（発刊当時）を超える著作を生み出した驚異の知的生活とは。

1,400円

大川隆法の守護霊霊言

ユートピア実現への挑戦

大川隆法総裁の守護霊である釈尊が、あの世の存在証明による霊性革命、正論と神仏の正義による政治革命等の使命を熱く語る。

1,400円

政治革命家・大川隆法

幸福実現党の父

未来が見える。嘘をつかない。タブーに挑戦する――。政治の問題を鋭く指摘し、具体的な打開策を唱える幸福実現党の魅力が分かる万人必読の書。

1,400円

娘から見た大川隆法

大川咲也加　著

幼いころの思い出、家族思いの父としての顔、大病からの復活、そして不惜身命の姿――。実の娘が28年間のエピソードと共に綴る、大川総裁の素顔。

1,400円

大川隆法シリーズ・最新刊

「呪い返し」の戦い方

あなたの身を護る予防法と対処法

あなたの人生にも「呪い」は影響している――。リアルな実例を交えつつ、その発生原因から具体的な対策まで解き明かす。運勢を好転させる智慧がここに。

1,500円

真説・八正道

自己変革のすすめ

「現代的悟りの方法論」の集大成とも言える原著に、仏教的な要点解説を加筆して新装復刻。混迷の時代において、新しい自分に出会い、未来を拓く一冊。

1,700円

現代の武士道

洋の東西を問わず、古代から連綿と続く武士道精神――。その源流を明かし、強く、潔く人生を生き切るための「真剣勝負」「一日一生」「誠」の心を語る。

1,600円

時事政談

現代政治の問題の本質に斬り込む

政府等に頼らず、自助論で実体経済をつくれ――。コロナ対策、バラマキ政策の問題、米中覇権戦争の行方など、漂流する日本政治と国際政治への辛口提言！

1,500円

※表示価格は本体価格(税別)です。

大川隆法「法シリーズ」・**最新刊**

鋼鉄の法

法シリーズ
第26作

人生をしなやかに、力強く生きる

自分を鍛え抜き、迷いなき心で、闇を打ち破れ――。
人生の苦難から日本と世界が直面する難題まで、さまざまな試練を乗り越えるための方法が語られる。

2,000円

第１章　繁栄を招くための考え方
――マインドセット編

第２章　原因と結果の法則
――相応の努力なくして成功なし

第３章　高貴なる義務を果たすために
――価値を生んで他に貢献する「人」と「国」のつくり方

第４章　人生に自信を持て
――「心の王国」を築き、「世界の未来デザイン」を伝えよ

第５章　救世主の願い
――「世のために生き抜く」人生に目覚めるには

第６章　奇跡を起こす力
――透明な心、愛の実践、祈りで未来を拓け

幸福の科学の中心的な教え――「法シリーズ」

好評発売中！

幸福の科学出版

ドキュメンタリー映画
奇跡との出会い。
―心に寄り添う。3―
それは、あなたの人生にも起こる。
末期ガン、白血病、心筋梗塞、不慮の事故――
医者も驚く奇跡現象を体験した人びと。
その真実を描いた感動のドキュメンタリー。
企画／大川隆法
出演／希島 凛　市原綾真　監督／奥津貴之　音楽／水澤有一
製作／ARI Production　製作協力／ニュースター・プロダクション　配給／日活　配給協力／東京テアトル　©2020 ARI Production
8月28日(金)公開

1991年7月15日、東京ドーム。
人類史を変える「歴史的瞬間」が誕生した。
――これは、映画を超えた真実。
夜明けを信じて。
2020年10月16日(金) ROADSHOW
製作総指揮・原作 大川隆法
田中宏明 千眼美子 長谷川奈央 芦川よしみ 石橋保
監督／赤羽博 音楽／水澤有一 脚本／大川咲也加 製作／幸福の科学出版 製作協力／ARI Production ニュースター・プロダクション
制作プロダクション／ジャンゴフィルム 配給／日活 配給協力／東京テアトル ©2020 IRH Press

幸福の科学グループのご案内

宗教、教育、政治、出版などの活動を通じて、地球的ユートピアの実現を目指しています。

幸福の科学

一九八六年に立宗。信仰の対象は、地球系霊団の最高大霊、主エル・カンターレ。世界百カ国以上の国々に信者を持ち、全人類救済という尊い使命のもと、信者は、「愛」と「悟り」と「ユートピア建設」の教えの実践、伝道に励んでいます。

（二〇二〇年六月現在）

愛

幸福の科学の「愛」とは、与える愛です。これは、仏教の慈悲《じひ》や布施《ふせ》の精神と同じことです。信者は、仏法真理をお伝えすることを通して、多くの方に幸福な人生を送っていただくための活動に励んでいます。

悟り

「悟り」とは、自らが仏の子であることを知るということです。教学《きょうがく》や精神統一によって心を磨き、智慧《ちえ》を得て悩みを解決すると共に、天使・菩薩《ぼさつ》の境地を目指し、より多くの人を救える力を身につけていきます。

ユートピア建設

私たち人間は、地上に理想世界を建設するという尊い使命を持って生まれてきています。社会の悪を押しとどめ、善を推し進めるために、信者はさまざまな活動に積極的に参加しています。

国内外の世界で貧困や災害、心の病で苦しんでいる人々に対しては、現地メンバーや支援団体と連携して、物心両面にわたり、あらゆる手段で手を差し伸べています。

年間約２万人の自殺者を減らすため、全国各地で街頭キャンペーンを展開しています。

公式サイト **www.withyou-hs.net**

ヘレン・ケラーを理想として活動する、ハンディキャップを持つ方とボランティアの会です。視聴覚障害者、肢体不自由な方々に仏法真理を学んでいただくための、さまざまなサポートをしています。

公式サイト **www.helen-hs.net**

入会のご案内

幸福の科学では、大川隆法総裁が説く仏法真理《ぶっぽうしんり》をもとに、「どうすれば幸福になれるのか、また、他の人を幸福にできるのか」を学び、実践しています。

入会

仏法真理を学んでみたい方へ

大川隆法総裁の教えを信じ、学ぼうとする方なら、どなたでも入会できます。入会された方には、『入会版「正心法語《しょうしんほうご》」』が授与されます。

ネット入会 入会ご希望の方はネットからも入会できます。
happy-science.jp/joinus

三帰《さんき》誓願《せいがん》

信仰をさらに深めたい方へ

仏弟子としてさらに信仰を深めたい方は、仏《ぶっ》・法《ぽう》・僧《そう》の三宝《さんぽう》への帰依を誓う「三帰誓願式」を受けることができます。三帰誓願者には、『仏説・正心法語』『祈願文《きがんもん》①』『祈願文②』『エル・カンターレへの祈り』が授与されます。

幸福の科学 サービスセンター
TEL 03-5793-1727
受付時間／
火～金：10～20時
土・日祝：10～18時
（月曜を除く）

幸福の科学 公式サイト
happy-science.jp

ハッピー・サイエンス・ユニバーシティ
Happy Science University

ハッピー・サイエンス・ユニバーシティとは

ハッピー・サイエンス・ユニバーシティ（HSU）は、大川隆法総裁が設立された「現代の松下村塾」であり、「日本発の本格私学」です。
建学の精神として「幸福の探究と新文明の創造」を掲げ、
チャレンジ精神にあふれ、新時代を切り拓く人材の輩出を目指します。

人間幸福学部　経営成功学部　未来産業学部

HSU長生キャンパス TEL **0475-32-7770**
〒299-4325　千葉県長生郡長生村一松丙 4427-1

未来創造学部

HSU未来創造・東京キャンパス
TEL **03-3699-7707**
〒136-0076　東京都江東区南砂2-6-5　公式サイト **happy-science.university**

学校法人 幸福の科学学園

学校法人 幸福の科学学園は、幸福の科学の教育理念のもとにつくられた教育機関です。人間にとって最も大切な宗教教育の導入を通じて精神性を高めながら、ユートピア建設に貢献する人材輩出を目指しています。

幸福の科学学園

中学校・高等学校（那須本校）
2010年4月開校・栃木県那須郡（男女共学・全寮制）
TEL **0287-75-7777** 公式サイト **happy-science.ac.jp**

関西中学校・高等学校（関西校）
2013年4月開校・滋賀県大津市（男女共学・寮及び通学）
TEL **077-573-7774** 公式サイト **kansai.happy-science.ac.jp**

仏法真理塾「サクセスNo.1」

全国に本校・拠点・支部校を展開する、幸福の科学による信仰教育の機関です。小学生・中学生・高校生を対象に、信仰教育・徳育にウエイトを置きつつ、将来、社会人として活躍するための学力養成にも力を注いでいます。

TEL 03-5750-0751（東京本校）

エンゼルプランV

東京本校を中心に、全国に支部教室を展開しています。信仰に基づいて、幼児の心を豊かに育む情操教育を行っています。また、知育や創造活動を通して、子どもの個性を大切に伸ばし、天使に育てる幼児教室です。

TEL 03-5750-0757（東京本校）

不登校児支援スクール「ネバー・マインド」

TEL 03-5750-1741

心の面からのアプローチを重視して、不登校の子供たちを支援しています。

ユー・アー・エンゼル！（あなたは天使！）運動

障害児の不安や悩みに取り組み、ご両親を励まし、勇気づける、障害児支援のボランティア運動を展開しています。

一般社団法人 ユー・アー・エンゼル
TEL 03-6426-7797

NPO活動支援

いじめから子供を守ろうネットワーク

学校からのいじめ追放を目指し、さまざまな社会提言をしています。また、各地でのシンポジウムや学校への啓発ポスター掲示等に取り組む一般財団法人「いじめから子供を守ろうネットワーク」を支援しています。

公式サイト mamoro.org　ブログ blog.mamoro.org
相談窓口 TEL.03-5544-8989

百歳まで生きる会

「百歳まで生きる会」は、生涯現役人生を掲げ、友達づくり、生きがいづくりをめざしている幸福の科学のシニア信者の集まりです。

シニア・プラン21

生涯反省で人生を再生・新生し、希望に満ちた生涯現役人生を生きる仏法真理道場です。定期的に開催される研修には、年齢を問わず、多くの方が参加しています。
全世界212カ所（国内197カ所、海外15カ所）で開校中。

【東京校】 TEL 03-6384-0778　FAX 03-6384-0779
メール senior-plan@kofuku-no-kagaku.or.jp

幸福実現党

内憂外患《ないゆうがいかん》の国難に立ち向かうべく、2009年5月に幸福実現党を立党しました。創立者である大川隆法党総裁の精神的指導のもと、宗教だけでは解決できない問題に取り組み、幸福を具体化するための力になっています。

幸福実現党 釈量子サイト **shaku-ryoko.net**
Twitter **釈量子@shakuryokoで検索**

党の機関紙
「幸福実現党NEWS」

幸福実現党 党員募集中

あなたも幸福を実現する政治に参画しませんか。

○幸福実現党の理念と綱領、政策に賛同する18歳以上の方なら、どなたでも参加いただけます。

○党費:正党員(年額5千円[学生 年額2千円])、特別党員(年額10万円以上)、家族党員(年額2千円)

○党員資格は党費を入金された日から1年間です。

○正党員、特別党員の皆様には機関紙「幸福実現党NEWS(党員版)」(不定期発行)が送付されます。

＊申込書は、下記、幸福実現党公式サイトでダウンロードできます。
住所:〒107-0052 東京都港区赤坂2-10-8 6階 幸福実現党本部
TEL **03-6441-0754** FAX **03-6441-0764**
公式サイト **hr-party.jp**

出版 メディア 芸能文化 幸福の科学グループ

幸福の科学出版

大川隆法総裁の仏法真理の書を中心に、ビジネス、自己啓発、小説など、さまざまなジャンルの書籍・雑誌を出版しています。他にも、映画事業、文学・学術発展のための振興事業、テレビ・ラジオ番組の提供など、幸福の科学文化を広げる事業を行っています。

アー・ユー・ハッピー？
are-you-happy.com

ザ・リバティ
the-liberty.com

幸福の科学出版
TEL **03-5573-7700**
公式サイト **irhpress.co.jp**

THE FACT
ザ・ファクト
マスコミが報道しない「事実」を世界に伝えるネット・オピニオン番組

ザ・ファクト 検索

NEW STAR PRODUCTION

ニュースター・プロダクション

「新時代の美」を創造する芸能プロダクションです。多くの方々に良き感化を与えられるような魅力あふれるタレントを世に送り出すべく、日々、活動しています。 公式サイト **newstarpro.co.jp**

ARI Production

ARI《アリ》 Production《プロダクション》

タレント一人ひとりの個性や魅力を引き出し、「新時代を創造するエンターテインメント」をコンセプトに、世の中に精神的価値のある作品を提供していく芸能プロダクションです。 公式サイト **aripro.co.jp**

大川隆法　講演会のご案内

大川隆法総裁の講演会が全国各地で開催されています。講演のなかでは、毎回、「世界教師」としての立場から、幸福な人生を生きるための心の教えをはじめ、世界各地で起きている宗教対立、紛争、国際政治や経済といった時事問題に対する指針など、日本と世界がさらなる繁栄の未来を実現するための道筋が示されています。

2019 年 12 月17 日 さいたまスーパーアリーナ「新しき繁栄の時代へ」

2019年10月6日 ザ ウェスティン ハーバー キャッスル トロント(カナダ)「The Reason We Are Here」

2019年7月5日 福岡国際センター「人生に自信を持て」

2019年3月3日 グランド ハイアット 台北(台湾)「愛は憎しみを超えて」

2019年7月13日 ホテル イースト21 東京「幸福への論点」

講演会には、どなたでもご参加いただけます。
最新の講演会の開催情報はこちらへ。⟹

大川隆法総裁公式サイト
https://ryuho-okawa.org